實用土地建物の法律詳説
附 契約書式 登記手續

宮田四八校閲
大日本新法典講習會編纂

明治三十四年三版

實用土地建物の法律詳説

附 契約書式 登記手續

日本立法資料全集 別巻 1160

信山社

法學士 宮田四八校閲

大日本新法典講習會編纂

實用 土地建物法律詳説

附 契約書式 登記手續

大日本新法典講習會藏版

實用土地建物の法律詳説目次

附 契約書式 登記手續

第三編　永小作權

第四編　不動產使用貸借

實用土地建物の法律詳説目次

附　契約書式　登記手續

終

實用土地建物の法律詳説

附契約書式　登記手續

法學士　宮田四八校閲
大日本新法典講習會編纂

第一編　總論

第一章　權利の觀念

地上權、永小作權、使用貸借及ひ賃貸借等苟も法律上に所謂權利關係を知らむと欲せは先つ第一に權利とは如何なるものなるかの大體を知らさるへからす、依て玆に先つ權利の觀念を明かにし次に物權債權及ひ物權と債權との區別を説明し以下本論に入らんと欲す

權利の定義　何をか權利と云ふや一般に行はるゝ權利の定義に曰く「權利とは法律の保護に依り主張することを得る利益なり」と夫れ權利の定義に關しては古より學者間に於て最も難問の部に數へられたるものなれは定義の數も亦尠

からすと雖も今一般に行はるゝものを掲けたるのみ、今此定義を分析して説明すへし

一、權利は法律の保護に依るものなり、　法律の單に是認するのみにては未た權利と云ふこと能はす法律か尚ほ進んて之を保護する利益ならさるへからす故に若し其自由行爲を妨害する者あるに方りては之を救正するの途なくんは非す

二、權利の實質は利益なり　權利の實質は利益なりとは是一般に認めらるゝ所の説なり或は論する者あり曰く權利の實質は利益のみに非す利益に非さるものも猶は權利として存する例なきに非すと成程論者の言ふか如く千狀萬態量り難き多數の權利の內には或は利益を意味せさるものもあるへし然りと雖も素と法律か權利として設定せし所以のものは權利者の利益を保護せんとの旨意に外ならさるものなれは一二の特例あるにも拘はらす權利の實質は利益なりと云ふを妨けさるなり但茲に所謂利益とは金錢に見積り得るもののみの謂に非す

以上は權利の定義を説明したるものなり而して權利の眞に何者たるやを知ら

むには之に對する義務の何者たるやを知らさるへからすされと權利を了解するときは義務は從て了解せらるるに至る蓋し義務は權利と相對立し必す之に附隨するものなれはなり而して義務は權利あるか爲めに存するものにして權利は本にして義務は末なりとす然れとも古代の法律は之に反し大概義務を基礎として規定せられたり其謂は當時人の守るへき義務は發達し居りたれとも各人の權利と云ふことに付ては其思想甚た幼稚なりしか故なり然れとも近代に於ては權利思想大に發達したるか故に凡て法律上の關係は此權利を基本とするに至れり故に義務の如きは只た權利を權利たらしむるか爲めに必要とするに至れるなり、

權利の觀念をして一層明かならしめんには權利の形式的要素を說明するを要す

權利の要素

一、人　權利なるものは人と人との間に存するものにして人なけれは權利義務の發生すへき理なきは勿論なり故に權利は必す人に屬すへきものとす法律上の所謂人とは敢て四肢五官を具備する自然人のみを云ふに非す法律の擬

制に因る無形人則ち法人をも云ふなり

二、物　道は如何なる權利にも常に存在すと云ふに非す多くの場合に於て之を必要とするのみ身分權の如きは目的物あることなし然れとも財産權の場合には之あることを普通とす

三、行爲　權利は行爲を目的とすること多し則ち權利者は他人に對し或事を爲すへし又は爲すへからすと强ゆることを得ること是なり

以上は一般權利に關する大體の說明なり此權利は之を大別して物權債權の二種と爲す以下之を論す

第二章　物權の觀念

物權の定義　物權は財産權の一種にして直接に物の上に行はれ且一般の人に對抗するを得へき權利なり物權の物權たる所以は實に此點にありとす

夫れ同しく財産上の權利にして物と直接の關係を有するものと之に直接の關係を有せす唯一定の人の行爲に關係するものとあり前者を物權と稱し後者を債權と稱す即ち物權は直接に物に對して行はるるものなるか故に其權利の目

的たる物に對しては自由に使用收益及び處分を爲すことを得へし其間に他人の行爲の介在することを要せすして債權は直接に物を目的とせすして人の行爲若くは不行爲を目的と爲す尤も債權に在りても物を目的とするもの強ち無きに非す然りと雖も是只た間接の目的たるに過きさるなり今例を以て此二者を說明すれは甲は一の家屋を所有するときは是物權中最も完全なる所有權を有するものあるを以て甲は自ら之に住居することを得るは勿論賣却又は毀損するも其自由にして敢て之か爲め第三者の行爲を必要とせす然るに今甲か或家屋を乙に賣却したるときは乙は其家屋に付き直ちに其權利を行使して之を使用收益又は處分するを得すして唯賣主たる甲をして家屋の所有權を移轉するの行爲を爲さしむるの權利を有するに過きす是即ち前者は物權の效力の發動する所にして後者は債權の性質の然らしむる所なり物權と債權とを區別するの標準の一は實に玆に存す如此物權は直接に物を支配するの權換言すれは法律の保護に依りて物を直接に吾人の意思に服從せしむる利益なり

次に一般に對抗し得へきは是亦物權の特性なり物權は前にも述ふるか如し物の上に行はるゝ權利なるか故に社會一般に對して之を主張することを得債權

の如く或特定の人のみに限らさるなり換言すれは物權は社會一般人に對し其物權を害せしめさるの權利を有すと云ふに在り前述するかの如く物權は物の上に直接に行はれ且總ての人に對抗することを得るの權利なるか故に其成立には左の三个の要素を具備せさるへからす

物權の要素

一、權利者、　人は權利の主體なるか故に物權の主體も亦人ならさるへからす此物權の權利者は一人なることあり數人なることあり後者は之を共有と云ふ

二、物體、　權利には其作用を受くへき物體の存在することを要す而して物權は物の上に直ちに行はるゝ權利なるか故に其目的たる物體は特定せるものならさるへからす然らは所謂物とは如何なるものを云ふや今序に其大要を示せは凡そ物には廣狹の二義あり狹義に於ける物は物理界の有體物を指示し廣義に於ける物は啻に有體物のみならす無體物即ち權利義務を包含す古は法律上物と稱する中には此等二種の物を含みたれとも近世諸國の法典に於ては物を狹義に解し有體物のみを指すなり我民法亦然り夫れ斯の如く物とは有體物のみを指すと雖も其有體物たるや人の支配し得へきものたらさる

へからす故に例へは日月星辰の如き物理上の物たるには相違なけれとも未た以て法律上の所謂物たること能はさるなり要之法律上の物とは物質的の有體物にして且權利の目的と爲し得へきものならさるへからす

三、義務者　物權に對する義務者とは物權の對抗を受くる義務者を云ふ、若し此義務者なくんは權利を對抗する者なきを以て物權は決して存在することを得す然れとも物權は社會全般の者に對抗し得へき權利なるか故に其義務者は不特定にして唯權利の行使を妨害せさる義務を負ふものとす

物權の效果　物權は直接に人か物の上に行使する權利なるか故に其性質上左の效果を生す

一、支配權　物權は直接に物に對して支配力を有す故に權利者は其權利を行使するに方りて何等他人の作爲不作爲の行爲を要せさるなり

二、優先權、　優先權とは一般の共同債權者又は同一の物件に付き後日同種若くは異種の權利を得たる者に先ち債務者に對して行使する利益を云ふ物權は直接に物の上に行はるゝ權利なるか故に其範圍内に於ては更に他の權利の存在することを許さす從て後日其物件に付き權利を取得する者あるも前の

權利は之か爲めに妨けらるゝものに非す唯前權利を差引きたる殘部に付き物權を有するに過きす

三、追及權　追及權とは物權を有する者か正當の原因に由りて其權利を喪失し若くは法令の特別の規定に因りて權利を失ふものに非さる以上は目的物か何人の手に輾轉するを問はす其物の所有者に對して直接に取戻すことを得る權利なり例へは第三者か不當に余の所有する書籍を奪去したる場合に於ては其書籍は何人に輾轉するも直ちに所持者に對して取戻を要求することを得るか如し

（參照）

第百七十五條　物權ハ本法其他ノ法律ニ定ムルモノノ外之ヲ創設スルコトヲ得ス

第百七十六條　物權ノ設定及ヒ移轉ハ當事者ノ意思表示ノミニ因リテ其效力ヲ生ス

第三章　債權の觀念

債權の定義　「債權とは特定の人の行爲を目的とする財產權なり」とは是債權の定義なり尙ほ詳說せんに

一、債權は財產權なり、故に法律上の人格權は此範圍内に入らさるなり例へは身體の安寧を維持するの權利精神の安寧を維持するの權利身體の自由を保つの權利榮譽を保つの權利氏名を冒されさるの權利或は妻子を誘拐せられさる權利の如し親族の關係より生するものは直ちに財產權を以て之に名つくること能はさるなり然れとも此等の權利と雖も他人か之を犯したるときは賠償を求むるの權利を生す此の賠償を求むるの權利は一種の財產權なり故に此等の權利は自體財產權に非さるも財產權の基礎を爲すを得へきものなり

二、當事者の特定せることを要す、一の債權を成立せしむるには必す特定の債權者及ひ債務者なかるへからす何となれは債權は人の行爲を目的とするものなれは其行爲を爲すへき特定の債務者と亦之を求むる債權者あるを要するは論を俟たさるなり

債權の當事者は特定なることを要すとの條件を說明するに方りて注意すへ

きは當事者は常に特定なることを要すと云ふことを誤解して債權債務は他人に承繼せしむる事を許さゝるの謂なりと速了せさるを要すること是なり太郎なる債權者か其地位を退き次郎なるもの之を承繼するも敢て一の債權を消滅せしめて新たに他の債權を發生せしめたるに非らす又權兵衛なるもの其債務者たるの地位を退き太郎作なるもの其債務を引受くるも債務は元のまゝ繼續し敢て新たに債務を成立せしむるものに非す近世の法律に於て債權の讓渡を許し債務の引受を認むるも此理由に基くものとす

當事者は特定たるを要すと云ふは敢て債權者債務者たるもの各一人たるを要すとの意味にあらす當事者の員數は幾人にても可なりと爲す

三、債權は人の行爲を目的とす、　債權の目的と爲すへきものは人をして或事を爲さしめ又は爲ささらしむるに在り而して此行爲は或は物品の給付なることあり或は金錢の仕拂なることあり或は勞務の供給なることあり其種類千差萬別一々之を列擧すること能はす抑ゝ債權は物權の如く數の限られたるものに非す物權は法律に規定せられたるものゝ外當事者の意思に因り自由に之を創設することを得さるも債權は法律を以て其種類を限定せす當事者の意思を以て自由に創設するを得るを以て原則と爲す故に可能の行爲にして公の秩序善良の風俗に反せさる以上は常に債權の目的と爲すを得へきものとす

以上の要件を具備するときは茲に債權成立す然れとも債權の成立のみにては未た債權者に現實の利益を得せしむるに足らす何と爲れは債權なるものは其實行を未來に歸するものにして其利益を與ふるものは履行なるものなり以下履行に付て說明す、

債權の履行　履行に付き先つ生すへき問題は其時期及ひ場所なり若し債務を正當の場所に於て正當の時期に於て任意の履行を完了するときは債權の目的成就したるを以て茲に債權は消滅す然れとも履行すへき時期に至りたるに拘はらす債務者か任意に履行を爲ささるときは債權者に訴權を生して之をして履行の强制を求め又は不履行より生する損害の賠償を請求することを得せしむ又履行の時期の到來したると否とを問はす債權者は法律に定めたる適法の方法により自己の債權を保全する爲め必要なる處置を爲すことを得此の如く債權者に訴權を與へ且其權利を保全するの方法を設くるは債權を保護する爲

め必要缺くへからさるものにして債權より生する當然の効力として法律に規定せらる

債權の發生原因　債權の發生原因は之を大別して二種と爲す「法律行爲」及ひ「法律行爲以外の事實」是なり法律行爲か發生原因を爲す場合は當事者か債權を發生するの意思を表示し其意思に基き債權を發生せしむる場合なり法律行爲以外の原因に依り債權を發生する場合は法律か當事者の意思如何を問はす或事實に債權發生の効力を附する場合なり

一、法律行爲　凡そ法律行爲なるものは當事者か法律上の効力を生せしむるの目的を以て爲したる意思表示なり故に法律行爲に依り法律上の効力を生するは常に當事者の意思表示に基くや明かなり然れとも法律行爲に依り生する効力の限界は必すしも當事者の意思を以て定むへきものと限らす法律の直接規定を以て定むへきものあり然れとも通常當事者の自由なる意思に任し法律の直接規定に屬するは稀に有する處の例外たるのみ

二、法律行爲以外の事實　人は天性自由なりとは古來人の唱導する處なり若し此原則を制限なく適用せは人は其意思によるの外他人に對して義務を負は

さるものと斷定せさるへからす然れとも事實は全く之に反し各人の獨立獨行に制限を加へす自由に放任し置くに於ては弱肉强食秩序紊亂底止するところなかるへし然らは則ち人相集りて社會を爲し親族を爲すに當りては其間に種々の關係を生し或程度までは法律を以て之を制限承認するの必要あるや論を俟たす已に法律を以て之に承認を與ふる以上は其間に權利義務を生す已に權利義務を生する上は法律を以て之を保護し之を强制せさるへからす此點より觀察を下すときは當事者の意思表示を俟たす法律の直接規定に因り當然債務關係を生すへき場合を設くる必要あるや明かなり左に之を述ふ

(甲)當事者に存する特定の關係

當事者間に特定の關係存するときは其意思如何を問はす法律を以て當然其間に債務關係を附着す其最も顯著なるものは親族間に存する扶養の義務共有者間の義務の如き是なり

(乙)不當利得

當事者の一方か法律上の理由なく他の當事者の出損により利得を得たると

きは當事者間に意思表示なきも出捐を爲したる當事者例へは債務者に非さる人より誤て金員を辨濟し來れるを受取りたる如きは利得を得たる當事者に對して求償權を有す

(丙) 不法行爲

不法行爲は一に之を私犯と稱し所謂犯罪及ひ准犯罪を包含す例へは他人の所有品を燒毀したるか如き場合は當事者の一方か他の當事者の權利を侵害したる事實か債權發生の原因にして當事者の意思に基かさるや明白なり

以上債權の何者たるやを說明したり我現行民法に於ては債權と稱すれとも舊民法に於ては人權なる文字を以て之に冠したり蓋し人權は物權に對するの語にして直ちに物の上に行はれす人に對して行ふへきことを示したるものなり然れとも人權なる文字は或は天賦の權利の意義に用ゐられ或は人格權の意義にも用ゐられ此等と混同せらるゝ恐れあり故に民法は此の字を避け他の意味を有せさる債權の字を選定したるなり

(參照)

第三百九十九條　債權ハ金錢ニ見積ルコトヲ得サルモノト雖モ之ヲ以テ其

目的ト爲スコトヲ得

第九十條　公ノ秩序又ハ善良ノ風俗ニ反スル事項ヲ目的トスル法律行爲ハ無效トス

第九十一條　法律行爲ノ當事者カ法令中ノ公ノ秩序ニ關セサル規定ニ異ナリタル意思ヲ表示シタルトキハ其ノ意思ニ從フ

第九十二條　法令中ノ公ノ秩序ニ關セサル規定ニ異ナリタル慣習アル場合ニ於テ法律行爲ノ當事者カ之ニ依ル意思ヲ有セルモノト認ムヘキトキハ其慣習ニ從フ

第七百三條　法律上ノ原因ナクシテ他人ノ財產又ハ勞務ニ因リ利益ヲ受ケ之カ爲メニ他人ニ損失ヲ及ホシタル者ハ其利益ノ存スル限度ニ於テ之ヲ返還スル義務ヲ負フ

第七百九條　故意又ハ過失ニ因リテ他人ノ權利ヲ侵害シタル者ハ之ニ因リテ生シタル損害ヲ賠償スル責ニ任ス

第四章　物權と債權との區別の要點

以上物權及ひ債權の何ものたるやを說明したり以下其差異の重なるものを擧けんとす

一、物權は優先權を生すれとも債權は之を生せす、物權は其性質物を目的とし債權は人の行爲を目的とするものなること已に述へたるか如し故に物權には優先權を生すれとも債權には之を生せす今物權たる地上權を假りに債權として論すれは如何なる結果を呈するやを看るに債權なりとすれは地主は前後各別に且數人に對し地上權を設定することを得而も是等地上權者は各平均に其權利を行はさるを得す何となれは債權には優先することなく各債權者平等に之を執行せさるへからされはなり之に反し物權なるときは一旦地上權を設定したるときは其後地上權を得たる者ありとするも何等の效なし何となれは物權は優先權を生すれはなり

二、物權は追及權を生すれとも債權は之を生せす。債務者か其財產を他人に讓渡したるときは通常の債權者は之に付き復ひ權利を行ふことを得す然るに物權者は之に對しても尙ほ其權利を執行することを得へし是物權は物の上に直接に行はるゝ權利にして債權は人に對するものなれはなり

第二篇　地上權

第一章　地上權の性質

地上權の定義　地上權なる名稱は古來我國に於て使用せられたるを見す然りと雖も其實質に至ては慣習上早く既に實行せられたるなり即ち家屋を所有する爲め若くは竹木を栽植するか爲めに他人の土地を使用したる例是なり第二百六十五條は地上權を定義して曰く「地上權とは他人の土地に於て工作物又は竹木を所有する爲め其土地を使用する權利を云ふ」とされは地上權なるものは他人の所有に屬する土地を使用するの權にして工作物又は竹木を所有するか爲めにのみ成立するものとす而して玆に廣く工作物と爲したるか故に獨り建物のみならす地を掘り庭を作るか如きも亦悉く之に包含せらるゝものとす又地上權の成立するには必しも工作物又は竹木の現存することを要せす苟も土地の上に工作物若くは竹木を所有するの目的を以て其土地を使用すれは足る又縱令工作物又は竹木の消滅することあるも地上權は夫のみに因り決して消

滅するものに非す

地上權の淵源　古代羅馬法に於ては土地の上に存在する建物其他の定着物は皆土地と一體を爲すものとし土地の所有者に屬するを原則とし我國に於けるか如く土地と建物とは各其所有者を異にすることを許さゝりしなり然るに社會の進歩するに從ひ人口漸く增殖して皆其定住地を爭ひ弊舍茅屋は變して大厦高樓と爲り從て土地及ひ家屋は共に其價格を騰貴するに至れり是に於て土地と定着物とを併せて一人の所有に歸せんことは容易の業に非す故に羅馬の末年に於ては遂に嚴きの原則を破り土地と定着物と之を獨立して所有するの權あることを認めたるなり

歐洲諸國の地上權　歐洲諸國の地上權は皆羅馬法に於ける地上權の觀念を襲ひたるものなれは土地と其土地の上に存する定着物とは元來一體物にして離る可らさるものなりとの思想は未た全く之を蟬脫することを得さるなり從て地上權の何物たるやを示すに當りても先つ地上權者は定着物に付き完全なる所有權を有するの觀念を明かにするの必要ありき之に反し我國に於ては古來の慣習上地上に築工せる建物及ひ栽植せる竹木に對しては土地其ものの所有

權とは各獨立のものにして土地を有すれはとて直ちに其上に存する定着物は凡て其者の有に歸するか如き慣例とては何處にもなかりしなり故に地上權者は定着物に付き完全なる所有權を有するは固より當然のことにして別に法律の規定を俟つへきに非す是我民法は彼の歐洲諸國か擧つて「地上權とは他人の所有に屬する土地に定着する物を完全に所有するものなり」と規定するにも拘はらす單に「他人の土地を使用するの權利なり」としたる所以なり

以下尙ほ我地上權を分析說明せむとす

地上權の分解

(イ)地上權は建設物の所有のみを目的とせす　獨逸其他の國の民法によれは地上權を以て土地の上下に建設物を所有するの權利を云ふものとせり然れとも地上權の目的を單に土地に建設せる物の所有のみに限るは狹隘なりとす故に我民法は之に加ふるに竹木を栽植することをも亦地上權の目的と爲せり

(ロ)地上權の目的は建物及ひ竹木の所有のみに限らす。或國の法律によれは地上權は建物及ひ竹木を所有する爲め他人の土地を使用する權利なりと爲せり然れとも地上權を以て建物及ひ竹木の所有のみに限り建物以外の工作物を設置する場合を地上權として保護せさるは不可なりとす故に我民法は敢て建物のみに限らす汎く他の工作物をも設くることを得せしめたり

(ハ)地上權は啻に地上の表面のみを使用するに限らす　普通地上權者は其竹木又は工作物を所有する爲めには其地上の表面のみを使用するを以て事足ると雖も是通常の場合に過きす地中に工作物を設くる場合の如きも地上權たるに於て聊か妨けなしとす例へは特約によりて其地に池を掘り隧道を作るか如き之なり外國法に於ては往々地上權は地上地下に及はすとを明かにしたるものありと雖も我民法に於ては當然の事なりとし之を云はさりしなり

(ニ)地上權は地代を要素とせす　地上權は賃貸借に於けるか如く強ちに地代を支拂ふを要素とせす之を支拂ふも支拂はさるも當事者の約束次第なり然りと雖も他人に土地を無報酬にて使用せしむることは殆と稀にして多くの場合は之か地代を支拂ふことを約するものなり而して其地代支拂に二種あり一は一時に若干の金額を拂ひ地上權の存續期間は別に地代を拂はさるもの一は年々月々定額の地代を拂ふもの是なり而して十の八九は定期の地代を拂ふものとす此場合に於ては地上權は永小作又は賃貸借と頗る其性質を同

ふす然れとも又區別なきに非す後の說明に就て知るへし

新民法に於て認められたる借地權を大別するときは次の四種に歸す曰く地上權、曰く永小作權、曰く使用貸借に因る借地權、曰く賃貸借に因る借地權是れなり

今地上權を以て他の三者に對照し各區別の存する所を概說せん

(一)地上權と永小作權との區別　此二者は何れも物權にして直ちに其目的物たる土地の上に行使し得へき權利たること同一なれは從て彼此互に其規定を準用するもの尠からされとも地上權の目的は工作物又は竹木を所有する爲め他人の土地を使用するに在りて法律上其存續期間を制限するの規定なく且つ地代を拂ふと否とは一に當事者の約束次第なるに反して永小作權の目的は耕作又は牧畜を爲すため他人の土地を使用するに在り其存續期間も法律に於て制限せられ且つ永小作人より小作料を支拂ふは此權利に伴ふ當然の義務なりとす斯く其性質を異にするを見れは推して效力の及ふ所如何に相違あるやは自ら明ならん

(二)地上權と使用貸借に因る借地權との區別　使用貸借は一種の契約にして之に因る借地權は債權なることと賃貸借契約に因る借地權と異ることなし故

に次に揭くる地上權と賃貸借に因る借地權との區別を了解すれは本項の區別自ら明瞭なるへし只注意すへきは使用貸借と賃貸借とは共に貸借に關する契約の一種なれとも前者は絕對的無償の恩惠契約にして必す借賃其他の報酬を伴ふことなく且つ其成立は借主か目的物を受取りたる時に在れとも後者は之に反し全く有償契約にして借賃は當然借主の義務に屬し且つ其成立も單に當事者の約束さへあれは足るものにして必すしも目的物の引渡を要することなし此差違を念頭に置きて次項に揭くる地上權と賃貸借に因る借地權との區別を見れは地上權と使用貸借に因る借地權との區別も言はすして胸中に浮ひ來るならん

㈢地上權と賃貸借に因る借地權との區別

此二者の區別に於て先つ第一に注意すへきは一は物權にして一は債權なることなり舊民法は賃借權を物權なりとする主義を採りたれは從て地上權と賃貸借に因る借地權との間に此差違を見さりしも今や新民法は泰西諸國多數の立法例に傚ひ賃借權を以て賃貸借なる一種の契約に基く債權と爲せるか故に茲に同しく借地權にして彼れは物權たり此れは債權たるの別を見るに到りしなり即ち地上權は一の

物權にして地上權者は他人の行爲に待つことなく直接に權利を其土地の上に行使するを得へきに反し賃貸借に因る借地權は一債權に過きされは借地權者は直接に權利を其土地の上に行使することを得す只貸主をして其所有地を我れに使用收益せしむるの權利所謂對人權を有するに止まるものとす而して舊民法か賃借權を物權と爲すの主義を採りたる理由は主として賃借人の權利を固め以て土地に付ては農業を益し家屋に付てに商工業を利せんとするに在り即ち專ら經濟上の利害を慮りたるものにして是れ杞憂に非されは新民法も賃借權を以て債權と爲すと同時に一方には其救濟法を設け第六百五條を以て不動産の賃貸借を登記したるときは物權同樣第三者に對抗し得へき趣旨の規定を爲せり故に土地の賃借權は其債權たるに拘らす地上權に比して實際上格別薄弱のものなりと斷言するを得さるへし然れとも二者本來の性質を異にするを以て其差違獨り之に止まらす尙種々の點に於て區別すへきを見る今其主要なるものを擧くれは地上權の目的は工作物又は竹木を所有するため他人の土地を使用するにあれとも土地賃借權の目的は其土地の使用及收益に在りて必すしも工作物又は竹木の所有のために限ら

さる事、地上權は契約其他單獨の法律行爲例へは遺言の如きものに依りて設定せらるゝことあるも土地賃借權は必す賃貸借なる契約に因りて生する事、地上權に地代支拂の義務を伴ふこと否とは其設定行爲に於ける當事者の意思如何によりて一定ならさるも土地賃借權に在りては其契約の性質として必す借賃の附隨する事、地上權者は恰も所有者の地位に立ち自己の負擔を以て其土地の修繕を爲すへき原則たるに反し土地賃借人は賃貸人をして其使用及收益に必要なる修繕を爲さしめ得る事、地上權の存續期間は法律上何等の制限なく全く設定行爲の定むる所に一任し只設定行爲を以て存續期間を定めさりし場合に於て別段の慣習なきときは當事者の請求に因り裁判所か工作物又は竹木の種類狀況其他地上權設定當時の事情を斟酌して二十年以上五十年以下の範圍を限り相當の存續期間を定むることあるのみなれとも土地賃借權の存續期間は二十年を以て最長期とし是より長き期間を定むるも裁判上は二十年に短縮して取扱はるへき事等なり此の如く二者の差違あるを見れは實際上借地人に取りて何れの權利か鞏固安全なるかは場合に依りて論定する外なきも概して謂へは地上權の方强力なるは万人の認むる所なりとす左れは古來宅地林地の貸借頻に行はれ而も借地主の權利如何に付ては特に之を規定したる法律なかりしより土地所有者と借地主との間に往々紛議を生し殊に所有者か其土地を第三者に讓渡したる場合に於て第三者は前所有者と借地人との間に存したる契約を引續き遵守するの義務なしとして借地人に對し即時の立退を強請する等の弊あるを免れさりしか新民法は物權の一種として明に地上權を設けたれは以後他人の土地を借用せんと欲する者は此等の消息を詳にし地上權設定なり將た賃貸借なり能く其性質を明示し置くこと肝要なりとす例へは當事者の意果して地上權の設定に在るときは其旨を設定證書に記載し及地上權の設定として登記し置くか如し若し此等の注意を缺くときは爲めに反對の意思を推定せられ想はぬ損害を被ることあるへし何となれは其權利の性質如何は當事者の意思に依りて判定するの外なく而して其判定權は全く裁判官の胸中に屬すれはなり現に新民法の實施せらるゝや從來の借地關係に付て地主と借地人との間に於ける紛議爭訟迸出し或は地上權に基きて主張するあり或は賃貸借契約に因るものと對抗するあり而して判例學說亦其揆を一にせさりしは能く人の知る所に

非すや然れとも普通の見解を以てすれは地上權なるものは其效力强大なる一の物權にして法律の規定に依り初めて之を認め得へく法規上斯る權利を規定せさる新民法實施以前の土地使用權を視て直ちに地上權なりと推定するか如きは其當を得たるものに非す勿論當事者の意思明白なる限りは之に從ふこと差支なけれとも其意思何れに在るか明白ならさる場合に於ては地上權に非すして賃貸借に基き使用するものなりと解釋する方至當なりとす故に實情を謂へは地上權者なるも裁判上之を證明するの途なきため止むなく賃貸借關係に甘んせさるを得さるか如き不幸の借地人を救はんには是非法律の力を以てせさるへからす明治三十三年法律第七十二號は實に此趣旨に出てたるものなり同法第一條に曰く「本法施行前他人の土地に於て工作物又は竹木を所有する爲め其土地を使用する者は地上權者と推定す」と此法律一度出てゝより左しもの紛爭稍其勢焔を收めたるか如きも更に其第二條を見れは「第一條の地上權者は本法施行の日より一箇年内に登記を爲すに非されは之を以て第三者に對抗することを得す、前項の規定は本法施行前に善意にて取得したる第三者の權利を害することなし」とありて實際は種々の方面に地主と借地人との爭訟は絶えさる由なり要するに法律思想の乏しきため權利設定の當時は勿論其以後に於ける行爲の不完全不行屆なりしに因らすんは非す是れ吾人か平常一般人士の法律思想を鼓吹開發せんことを努めて止まさる所以なり

地上權の設定は我國に於て從來大に行はれたり　地上權なるものは何れの國に於ても法典の上に規定せられさる以前に於て事實上盛んに慣行せられたるなり佛蘭西、伊太利、阿蘭陀等皆然りとす特に各都府に在りて盛に行はれたり而して我國は外國に比し多々行はるへきの理由ありたりそは他ならす日本特に東京市内に在りては建物は主に木造なるか故に屢ゝ火災の難を受くるなり故に凡て家賃は高價なり家賃比較的に高價なるか故に住居人は毎月至重なる家賃を拂はんよりは寧ろ火災の危險を冐して建築の爲め投入したる元資の利息と其土地の借賃とを毎年負擔するのみにて己れに屬する一家屋を建築するを優れりとし又竹木を所有する爲めの地上權は夫の吉野の如く地主は竹木を植ゆるも培養管理の費用勞力に堪へす寧ろ他人をして竹木を栽植せしめ己れは其土地の使用料を受くるに加かすと爲せしか故なり

（參照）
第二百六十五條　地上權者ハ他人ノ土地ニ於テ工作物又ハ竹木ヲ所有スル爲メ其土地ヲ使用スル權利ヲ有ス

第二章　地上權の取得

法律上權利の取得とは特定の人か或權利の主と爲る事實を指して云ふなり地上權の取得と稱するも亦之に外ならす地上權の取得に二種あり一は原始的取得にして他を繼受的取得と云ふ原始的取得とは他人の權利に關係なく新たに權利を取得するの事實を云ひ繼受的取得とは既に特定の主體に屬する權利を他の特定の人か之を取得する事實を云ふ例へは時效の如きは前者に屬し相續の如きは後者に屬す左に地上權の取得に關する區別を細說す

第一節　原始的取得

第一項　設定行爲

地上權は地主と借地人との意思表示に由て設定せらる　此設定に關しては必しも書面の作製又は物の引渡等の如き一定の方式を要するものに非らす

古代の法律は大抵形式に重きを置きたるか故に權利の設定に關しても種々の方式を定めたりと雖も今日に於てはかゝること甚た少しとせす蓋し古昔物權の設定及ひ移轉に付き雙方の意思の合致のみを以て足れりとせす尙ほ之に加ふるに或方式を必要なりとしたる理由は決して物權の性質上斯くならさるへからすとなしたるにあらす主として證據の擧示を容易にせむとの手段より來りたるものなり故に此方法は古昔證據方法の未た幼稚にして取引左程頻繁ならさりし時代に於ては必要なりしと雖も現今の如く證據方法悉く備はり取引頻繁にして日も尙ほ足らさる時代に在りては立證を便ならしむる爲め此等の方法を强ゆるの必要を感せす却て取引の迅速を妨害するの弊害あるのみ加之取引の成立上繁雜の形式を要すとするときは狡猾の徒は之を操り良民を害して不法の利を逞ふせんとするもの往々生するの虞あり由之觀之取引に形式を要すとするは善良なる制度に非す故に我民法に於ては何等の方式を要せす只當事者の意思を表示するのみにて地上權を設定することを得としたり地上權の設定は此の如く意思表示に因りて成るものとすれは所謂意思表示の何物なるかを一言せさるへからす

意思表示の性質　意思表示とは人の意思か外界に發現したるを云ふ普通に謂ふ人の行爲之なり意思は心中の作用にして他の知り得さる所なれは法律の干渉するは外部に發現して行爲と爲りたる場合とす此意思表示か法律上有效たるには(一)意思あること(二)表示あること(三)意思と表示とか一致すること(四)表示か任意に出てたることとの四條件を具備するを要し否らされは或は無效と爲り或は取消さるゝことあるへし故に地上權設定か契約に依る場合に在りては借地人たる者最も其意思表示に注意すること肝要なりとす

(參照)

第九十五條　意思表示ハ法律行爲ノ要素ニ錯誤アリタルトキハ無效トス但表意者ニ重大ナル過失アリタルトキハ表意者自ラ其無效ヲ主張スルコトヲ得ス

第九十六條　詐欺又ハ强迫ニ因ル意思表示ハ之ヲ取消スコトヲ得
或人ニ對スル意思表示ニ付キ第三者カ詐欺ヲ行ヒタル場合ニ於テハ相手方カ其事實ヲ知リタルトキニ限リ其意思表示ヲ取消スコトヲ得
詐欺ニ因ル意思表示ノ取消ハ之ヲ以テ善意ノ第三者ニ對抗スルコトヲ得ス

第二項　時效

時效の意義　地上權は時效に因て取得することあり　抑時效とは時の經過により權利義務に得喪を來す法律上の原因なり而して時效には取得時效と消滅時效との二種あり取得時效は權利を取得するものにして或一定の時の經過により占有者か其占有に係る權利を取得するものを云ひ之に反して消滅時效は或一定の時日權利を行使せさるために其權利の消滅を來すものを云ふ地上權を時效に因て取得するを得るは則ち取得時效の結果なりとす

取得時效に二種あり則ち一を普通の取得時效と云ひ一を特別の取得時效と云ふ前者は二十年後者は十年の期間にして前者は意思の善惡過失の有無を問はさるも後者は善意且つ過失なかりし事を要す今地上權に關して之を分說す

一、普通の場合

普通時效に因りて地上權を得るは左の要件を具ふるものならさるへからす

(イ)二十年の期間　地上權者か二十年間其土地に對し繼續して權利を行使したることを要す

(ロ)自己の爲めにするの意思ありたること　即ち自分のために其權利を行使

したるを謂ふ換言すれは地上權者として行使したる意思之なり

(ハ)平穩なること　其行使は終始平穩なることを要す平穩の行使とは强暴の行使に對するの語にして則ち暴行强迫に因りて權利を行使したるにわらさるの謂なり故に若し權利か暴行又は强迫に因りて行使せらるゝときは時效に要する行使の要件を缺くか故に從て之に因り地上權を得ること能はさるものとす

(ニ)公然なること　行使は終始公然なることを要す公然とは隱密に對するの語にして特に隱秘せさること則ち行使か外見に於て容易に了知し得へきものたることを要す

以上の四要素を具備して地上權を行使せる者は取得時效の效果に因り其地上權を取得するものとす

二、特別の場合

是前述普通の場合に於ける期間を半減せしものにして左の要點を除くの外は普通の取得時效と異ることなし

(イ)十年の期間。　此場合には十个年の間其權利を行使するときは地上權を得るものとす何故に普通の取得時效には二十年の長年月を要し特別の場合には十年なるかと云ふに次に述ふる所の要件を知れは明かなることとなら

(ロ)行使の初め善意なること　則ち行使を始めたる當時に於て權原なきこと若くは權原に瑕疵あることを知らす適法に地上權を取得せりと信して其行使を始めたることを要す(權原とは權利の生する原因を云ふ)

(ハ)行使の初め過失なかりしこと　是前述する所の善意か元來過失に出てさること換言すれは行使の初に適法に地上權を得たりと信認したるは過失とすへからさるものたるを要す過失とは普通人の爲すへき注意を怠りたるを云ふ蓋し適法に地上權を得たりとの信認は固より誤信なりしとするも其誤信か妄信に非さること則ち普通の人々の當に爲すへき注意を盡せしも猶ほ誤信を生せしものなるときは之を過失なきものとするなり

此他普通時效に於て要件たる自己の爲めに行使することと平穩なること公然なること等は特別の場合に在りても異なることとなし

以上の如く法律は何故に普通の要件の外更に右二要件を具備せるときは特別に短期の經過のみにて地上權を得せしめたるか蓋し此場合に於ては毫も

道德上の匪行なき者にして之か匪行ある惡意又は過失ある行使者即普通時效の場合に於ける行使者と同一の待遇を爲すは頗る其當を失ふ者にして彼に比して大に此を寬待するは羅馬法以來各國法典の其揆を一にする所にして本法も亦之に倣ひ其期間を半減して十年を以て取得時效の完成期とせり

（參照）

第百四十四條　時效ノ效力ハ其起算日ニ遡ル

第百四十五條　時效ハ當事者カ之ヲ援用スルニ非サレハ裁判所之ニ依リテ裁判ヲ爲スコトヲ得ス

第百六十二條　二十年間所有ノ意思ヲ以テ平穩且公然ニ他人ノ物ヲ占有シタル者ハ其所有權ヲ取得ス

十年間所有ノ意思ヲ以テ平穩且公然ニ他人ノ不動產ヲ占有シタル者カ其占有ノ始善意ニシテ且過失ナカリシトキハ其不動產ノ所有權ヲ取得ス

第百六十三條　所有權以外ノ財產權ヲ自己ノ爲ニスル意思ヲ以テ平穩且公然ニ行使スル者ハ前條ノ區別ニ從ヒ二十年又ハ十年ノ後其權利ヲ取得ス

第百六十四條　第百六十二條ノ時效ハ占有者カ任意ニ其占有ヲ中止シ又ハ

他人ノ爲メニ之ヲ奪ハレタルトキハ中斷ス

第百六十五條　前條ノ規定ハ第百六十三條ノ場合ニ之ヲ準用ス

第二節　繼受的取得

第一項　贈與

地上權は贈與に因りて之を取得するを得ること他の一般權利に異らす而して贈與なるものは已に世人の知る所なれは今茲に改めて說明するを要せさるか如しと雖も注意の爲め法律上に所謂贈與なるものの意義を聊か述へんとす

贈與の定義　贈與とは當事者の一方か自己の財產を無償にて相手方に與ふる意思を表示し相手方か承諾を爲すに因りて效力を生するものなり

贈與は合意に由りて成立する契約にして受贈者に於て承諾を表せされは決して成立するものに非す

贈與は無償の契約にして即自己の財產を無報酬にて他人に與ふるものなれは有償にて他人に與ふる場合は贈與と云ふことを得さるなり贈與の贈與たる所以は實に此一點に在りされは今地上權を他人に贈與するに付ても亦無償ならさるへからす然れとも是には特例あり所謂負擔付贈與と稱するもの是なり負

擔付贈與とは如何なるものを指すやと云ふに或者の解するか如く贈與したる財産權に義務の附着せるものを云ふに非すして受贈者は贈與を受くると共に贈與者に對して或義務を負擔せさるへからさる場合を云ふ例へは贈與者は受贈者に地上權を贈與し受贈者は贈與者に年金を支拂ふことを約束するか如し如此負擔付の贈與も猶は贈與たるに妨けなきなり

贈與に因り地上權を移轉するに付き一の注意すへきものあり他に非す即ち書面に依らさる贈與は何れの當事者も自由に之を取消すことを得るの一事是なり何を以て然るや元來贈與は諸國の法律に於て鄭重なる方式を要するものとし彼の羅馬法にも五百「ソリデー」以下の贈與及ひ報酬上の贈與を除きたる以外の贈與は汎て裁判所の記錄に登載せされは有效のものとせさるの制あるを見ても其一斑を知るへきなりされは我民法に於ても贈與は合意と共に成立するものとし他に何等の方式を要せすと爲したるも而も書面に依らさる贈與は之を取消し得へきものと爲したるなり蓋し贈與は無償行爲なるを以て輕忽に之を爲し後日に悔を殘さしむるを防くと一は法律行爲を確實ならしめ裁判上の困難を避くるか爲めとに外ならす

(參照)
第五百四十九條　贈與ハ當事者ノ一方カ自己ノ財産ヲ無償ニテ相手方ニ與フル意思ヲ表示シ相手方カ受諾ヲ爲スニ因リテ其效力ヲ生ス
第五百五十條　書面ニ依ラサル贈與ハ各當事者之ヲ取消スコトヲ得但履行ノ終ハリタル部分ニ付テハ此限ニ在ラス
第五百五十一條　贈與者ハ贈與ノ目的タル物又ハ權利ノ瑕疵又ハ欠缺ニ付キ其責ニ任セス但贈與者カ其瑕疵又ハ欠缺ヲ知リテ之ヲ受贈者ニ告ケサリシトキハ此限ニ在ラス
負擔附贈與ニ付テハ贈與者ハ其負擔ノ限度ニ於テ賣主ト同シク擔保ノ責ニ任ス

第二項　賣買

既に設定せる地上權は其地上權者に於て他に之を賣渡すことを得るなり故に地上權の賣買は則ち他方に於て地上權の取得を生する原因なり
賣買は世上日常に行はるゝ所なれは何人も之を知るへしと雖も今法律上に於ける賣買の性質を少しく述へんとす

賣、買、の、定、義、　賣買とは當事者の一方か或財產權を相手方に移轉することを約し相手方か之に代金を支拂ふことを約するに依りて其效力を生するものを云ふ

財產權は總て賣買の目的と爲し得へきを以て地上權も亦其目的と爲し得へきは當然なり然れとも英米の法律に於ては我國と規定を異にし賣買の目的は大に制限せられ先つ第一に賣買の目的は動產ならさるへからす第二には一般の所有權を賣買の目的と爲さゝるへからす英國の法律に於ては凡そ所有權は之を別ちて一般の所有權と特別の所有權即ち支分權との二種とせり例へは小作地に付ては小作人は支分權たる小作權を有し地主は一般の所有權を有するか如し故に地上權の如き支分權は賣買を許さゝるなり然れとも我國に於ては地上權も財產權なれは均しく他の諸權利と同しく賣買の目的と爲すことを得へきなり

賣買には必す代金を定めさるへからす代金に非さるものを受取りて地上權を移轉するも之を以て賣買と稱することを得す例へは負擔付贈與の如きは受贈者より多少の金錢を贈與者に支拂ふことあるも代金に非さるを以て賣買とし

て論することを得さるか如し賣買の代金なるものは第一に金錢ならさるへからす第二に當事者雙方の合意を以て之を定めさるへからす而して之を定むるには明示若くは默示の方法を以て之を定むることを得然りと雖も必すしも代金の全額を確定するを要せす只之を確定し得るの標準を約すれは以て足れりとす

（參照）

第五百五十五條　賣買ハ當事者ノ一方カ或財産權ヲ相手方ニ移轉スルコトヲ約シ相手方カ之ニ其代金ヲ拂フコトヲ約スルニ因リテ其效力ヲ生ス

第五百五十七條　買主カ賣主ニ手附ヲ交付シタルトキハ當事者ノ一方カ契約ノ履行ニ著手スルマテハ買主ハ其手附ヲ拋棄シ賣主ハ其倍額ヲ償還シテ契約ノ解除ヲ爲スコトヲ得

第五百五十八條　賣買契約ニ關スル費用ハ當事者雙方平分シテ之ヲ負擔ス

第五百七十三條　賣買ノ目的物ノ引渡ニ付キ期限アルトキハ代金ノ支拂ニ付テモ亦同一ノ期限ヲ附シタルモノト推定ス

第五百七十四條　賣買ノ目的物ノ引渡ト同時ニ代金ヲ拂フヘキトキハ其引

渡ノ場所ニ於テ之ヲ拂フコトヲ要ス

第五百七十六條 賣買ノ目的ニ付キ權利ヲ主張スル者アリテ買主カ其買受ケタル權利ノ全部又ハ一部ヲ失フ虞アルトキハ買主ハ其危險ノ限度ニ應シ代金ノ全部又ハ一部ノ支拂ヲ拒ムコトヲ得但賣主カ相當ノ擔保ヲ供シタルトキハ此限ニ在ラス

第三項 交換

交換も亦地上權の繼受的取得の一原因なり

い、い、交換の定義、 交換は當事者か互に金錢の所有權に非さる財產權を移轉することを約するものなり故に地上權と他の權利と交換するか如き則ち是なり

昔時は交換と稱すれは唯所有權のみの交換に過きさりしか今日に於ては所有權の外數多の財產權を擧けて其目的と爲すことを認めたり故に地上權永小作權或は地役權等苟も財產權たるに於ては渾て交換の目的と爲すことを得るに至れり

交換は金錢以外の財產權を以て目的と爲すものなれは地上權と金錢と交易するか如きは眞正の交換に非さるなり必す地上權に對しては他の財產權たらさ

るへからす但金錢に非さる以上は同一種類の財產權なるも妨けなきものなれは地上權と他の地上權とを交換するも法律上有效なる交換と稱することを得

(參照)

第五百八十六條　交換ハ當事者カ互ニ金錢ノ所有權ニ非サル財產權ヲ移轉スルコトヲ約スルニ因リテ其效力ヲ生ス

當事者ノ一方カ他ノ權利ト共ニ金錢ノ所有權ヲ移轉スルコトヲ約シタルトキハ其金錢ニ付テハ賣買ノ代金ニ關スル規定ヲ準用ス

第四項　相續

相續も亦地上權の繼受的取得の一原因なり

地上權者の死亡し又は隱居したるときは其財產は相續人に移轉するものなれは從て地上權も移轉することは當然の結果たり是相續も地上權取得の一原因たる所以なり

(參照)

第九百八十六條　家督相續人ハ相續開始ノ時ヨリ前戶主ノ有セシ權利義務ヲ承繼ス但前戶主ノ一身ニ專屬セルモノハ此限ニ在ラス

第千一條　遺產相續人ハ相續開始ノ時ヨリ被相續人ノ財產ニ屬セシ一切ノ權利義務ヲ承繼ス但被相續人ノ一身ニ專屬セシモノハ此限ニ在ラス

第千二條　遺產相續人數人アルトキハ相續財產ハ其共有ニ屬ス

第千三條　各共同相續人ハ其相續分ニ應シテ被相續人ノ權利義務ヲ承繼ス

第五項　遺言

遺言なるものは遺言者の死亡に因りて效力を生するものなり而して遺言は財產の處分をも爲し得るを以て地上權を新設し尙ほ之に因りて地上權を移轉することを得へし

（參照）

第千六十條　遺言ハ本法ニ定メタル方式ニ從フニ非サレハ之ヲ爲スコトヲ得ス

第千六十一條　滿十五年ニ達シタルモノハ遺言ヲ爲スコトヲ得

第千六十七條　遺言ハ自筆證書、公正證書又ハ祕密證書ニ依リテ之ヲ爲スコトヲ要ス但特別方式ニ依ルコトヲ許ス場合ハ此限ニ在ラス

第千八十七條　遺言ハ遺言者ノ死亡ノ時ヨリ其效力ヲ生ス

遺言ニ停止條件ヲ附シタル場合ニ於テ其條件カ遺言者ノ死亡後ニ成就シタルトキハ遺言ハ條件成就ノ時ヨリ其效力ヲ生ス

第三章　地上權の效果

前章に於て述へたるか如く地上權とは他人の土地の上に工作物又は竹木を所有する爲め其土地を使用する權利を云ふものなるか故に其結果として地上權者は土地の上に存在する工作物又は竹木を所有するの權利を有し併せて其土地を占有するの權利をも有す是地上權の性質より當然生するの效果なりとす今節を分つて其詳細に論及せんとす

第一節　地上權の範圍

地上權は地面の如何なる部分にまて及ほすへきやと云ふに普通設定行爲を以て定めたる所に從ふ地上權設定の當時に於て地上に物の存在せさる場合に在りては當事者は必す其範圍を明定すへし若し之を明定することなくんは地上權の成立を妨くることあり地上に物の現在せる場合に於ては或は其範圍を明定せさることなきを保せすされは舊民法に於ては建物に付ては其建坪の全面

積に同しき地面、樹木に付て其最長大なる外部の枝の蔭蔽すへき地面を使用するの權利あるものと定めたり然りと雖も此等の事は當事者の地上權設定當時の意思の解釋に外ならされは新民法に於ては別段に規定する所なし然れとも苟も工作物若くは竹木を所有する目的にて借入れたる土地に對しては假令其工作物若くは竹木の周圍に多少の空地あるも地上權は其全面積に及ふものとすへきこと固より論を俟たさる所なるへし然れとも當事者は後日紛爭の生せさらん爲め設定當時に於て豫め其範圍を明定すること肝要なり

（參照）

第百七十四條　既ニ存セル建物又ハ樹木ニ於ケル地上權ノ設定ニ際シ從トシテ之ニ屬ス可キ周邊ノ地面ヲ明示セサルトキハ左ニ掲クル規定ニ從フ

建物ニ付テハ地上權者ハ其建坪ノ全面積ニ同シキ地面ヲ得ルノ權利ヲ有ス此配置ハ鑑定人ヲシテ土地及ヒ建物ノ周圍ノ形狀ト建物ノ各部ノ用方トヲ斟酌セシメテ之ヲ爲ス

樹木ニ付テハ地上權者ハ其最長大ナル外部ノ枝ノ蔭蔽ス可キ地面ヲ得ルノ權利ヲ有ス（舊民法財產編）

第二節　地代

地上權には地代を支拂ふものと然らさるものとの二種あることは已に述へたるか如し而して茲には地代に付て論せんと欲す

地代の種類　賃貸借に於て土地の借賃を金錢にて拂はすして其收穫を以て之を拂ふへきものとすることを得ると同しく地上權に於ても地代を金錢にて拂はすして其收穫を以て之を拂ふ旨を約するを得るは固より疑を容れす而して部分林は林地の上に地上權を設定し其林木の一部を以て地代に宛つるものなり故に特別法の規定なき以上は之に地上權の規定を適用すへきものとす

地代の標準　地代は何を標準として之を定むへきや舊法に於ては地代は土地の面積に應して支拂ふへき旨を規定せりと雖も新民法に於ては斯る規定存せす蓋し地代は自ら經濟上の問題に屬し當事者の自由に定むへき者なれはなり

（參照）

第百七十三條　地上權者カ讓受ケタル建物又ハ樹木ノ存スル土地ノ面積ニ應シテ土地ノ所有者ニ定期ノ納額ヲ拂フ可キトキハ其權利及ヒ義務ハ其拂フ可キ納額ニ付テハ通常賃貸借ニ關スル規則ニ從ヒ其繼續スル期間ニ

付テハ第百七十六條ノ規定ニ從フ

右納額ニ付テハ新ニ建物ヲ築造シ又ハ樹木ヲ栽植スル爲メ土地ヲ賃借シタルトキモ亦同シ(舊民法財產編)

地代の免除又は減額の請求　地上權者は不可抗力に因り土地の使用を害せらるる場合に於ても地代の免除又は其減額を請求するの權なし蓋し地上權者は直接に土地を使用するの權利を有するものにして所有者は地上權者に對し收益若くは利用を爲さしむるの義務を負ふものに非す故に地上權者は土地の使用を害せらるる場合に於ても土地所有者は其損害を分擔すへき理由なく加之地上權は其存續期間長きに涉るを以て其長き年月間には障礙の事情の生することは當事者の豫想する所なり故に地代の如きも通常の賃貸料に比し低廉なるを常とす是れ地上權者は地代の免除又は減額を請求するを得さる所以なり

地代滯の制裁　地上權者か二年以上引續き地代の支拂を怠り又は破產の宣告を受けたるときは土地所有者は地上權の消滅を請求することを得、尋常の賃貸借に在りては契約一般の規定に從ひ賃借人か一回の借賃を支拂はさるか爲め契約の解除を爲すことを得るものとするに地上權にありては地上權者か引續き二年以上地代の支拂を怠りたる場合に限り地主は地上權の消滅を請求することを得るものとせるは抑ゝ如何なる理由に出つるか是他なし地上權は其期間永く且つ地上權者の權利稍大なるか故に動もすれは莫大の費用を投して上地に設計を爲し數年の後に至り僅に利益を收むるか如きことあり此場合に於て一朝地代の支拂を爲すことを得さるか爲め直ちに地上權の解除に會はゝ地上權者の折角費用を投したる計畫も忽ち水泡に歸すへく殊に地上權者は前にも述ふるか如く不可抗力即ち如何なる天災如何なる地變に逢ふも容易に地代の減免を得ることを能はさるを以て事實全く已むことを得すして地代の支拂を怠ることなしとせす是れ地上權に在りては通常の賃貸借に於けると同一の規定を適用し難き所以なり

又破産宣告の場合に於ても通常の賃貸借と地上權との間に差異なき能はす通常の賃貸借に在りては賃借人か破産の宣告を受くるも直ちに契約を解除することなく單に賃貸人又は破産管財人より解約の申込を爲し其申入の後一年を經過したるに因り賃貸借僅に終了するものとせり然るに地上權に在りては地主は破産の宣告あると同時に直ちに地上權の消滅を請求することを得へく而

して破産管財人は地上權者に代はりて其地上權を拋棄し以て地代の義務を免るること能はす是一見頗る怪むへきに似たれとも決して然らす蓋し賃貸借に在りては賃貸人は幾分か賃借人を信して之に其土地を賃貸するものなりと雖も之を地上權の場合に較ふるときは固より霄壤の差あり地上權なるものは地主は全く地上權者を信用し之に土地を放任し長時期の間地主は安んして年々の地代を收め或は之を收めすとも土地の保存改良等に付き毫も關係する所なきを欲するを常とす然るに一朝此地上權者にして破産の宣告を受くることあらは地主の信用忽ち其根底を失ひ其土地は動もすれは一面識もなき破産管財人の手に落ち又更に競賣等に因りて何人の手に落つるかを知らす故に此場合には直ちに其土地を取返し以て之を他の信任せる人に貸與することを得すんはあるへからす是れ此制限ある所以なり

收益の地代より少きとき又は全く收益なき場合に於ける地上權の拋棄　地上權者は不可抗力に因りて三年以上全く收益を得す又は五年以上地代より少き收益を得たるときは其權利を拋棄することを得、前に述へたるか如く地上權者は如何なる天災に逢ふと雖も敢て地代の減免を請求することを得さるものにして此規定は地上權者に取りては少しく酷なるものとす何となれは素と地代は其土地使用の收益より之を拂ふを常とすれはなり故に三年以上繼續して其收益を得さるときは地上權者は地代を拂ふの道なきに苦まん此場合に於ても尙ほ其契約を守り約定の地代を拂ふの義務ありとせは是れ殆と不能を人に責むることゝなるなり故に地上權者は依然其權利を保持しなから地代を支拂ふの義務を免るゝことは得へからされとも其權利を拋棄せは以後は地代を拂ふに及はさるものとす蓋し地上權者か其地上權を拋棄すれは從て地上權一切の關係は玆に終了するは當然なれはなり

（參照）

第二百六十六條　地上權者カ土地ノ所有者ニ定期ノ地代ヲ拂フヘキトキハ第二百七十四條乃至第二百七十六條ノ規定ヲ準用ス

此他地代ニ付テハ賃貸借ニ關スル規定ヲ準用ス

第二百七十四條　永小作人ハ不可抗力ニ因リ收益ニ付キ損失ヲ受ケタルトキト雖モ小作料ノ免除又ハ減額ヲ請求スルコトヲ得ス

第二百七十五條　永小作人カ不可抗力ニ因リ引續キ三年以上全ク收益ヲ得

スヌハ五年以上小作料ヨリ少キ收益ヲ得タルトキハ其權利ヲ拋棄スルコトヲ得

第二百七十六條　永小作人カ引續キ二年以上小作料ノ支拂ヲ怠リ又ハ破產ノ宣告ヲ受クタルトキハ地主ハ永小作權ノ消滅ヲ請求スルコトヲ得

地代の減額　地上權の設定せられたる土地の一部か地上權者の過失に因らすして滅失するときは地上權者は其滅失の割合に應して地代の減額を請求することを得地上權者の支拂ふへき地代は素と土地の使用の對價なれは其土地にして滅失したるときは從て地代の減額をも請求することを得へきは當然の筋合なり然れとも其土地の一部の滅失か若し自己の過失に基くときは過失の責任は過失者自ら負はさるへからさるものなれは此場合に於ては地主に對して地代減額を請求すること能はさるなり

土地の滅失に因る地上權の拋棄　地上權の設定せられたる土地の一部か地上權者の過失に因らすして滅失したる場合に於て其消滅したる部分か重要にして其殘部のみを以ては地上權を設定したる目的を達することを得さるときは地上權者は地上權を拋棄する權利を有す地代なるものは借用地使用の代價な

るか故に借地の一部の滅失したるときは其代價減少すへく若し之か爲めに地上權設定の目的を達するを得さるに至らは地上權者は其契約解除の權を有すること當然なりとす

地上權轉貸に於ける地代の取立　地上權者か其土地を第三者に轉貸したるときは土地の所有者は轉借人に對して直接に地代を請求することを得又轉借人は地上權者に地代の支拂を爲したるを理由として土地所有者に地代を支拂ふことを拒むことを得す此場合に於ける地主と轉借人との法律關係は恰かも地主か直接に轉借人に賃貸したると同一の效力を生す故に直接に其地代を請求することを得るなり又地主と地上權者との間に於ける關係は轉貸借の爲めに何等の影響を受くることなし唯已に轉借人より地代の辨濟を受けたるときは再ひ地上權者に對して地代を請求することを得さるなり

地代支拂の時期　地代支拂の時期は宅地に付ては每月末其他の土地に付ては每年末に之を支拂ふことを要す又收穫季節あるものに付ては其季節後遲滯なく之を支拂はさるへからす

（參照）

第二百六十六條　地上權者カ土地ノ所有者ニ定期ノ地代ヲ拂フヘキトキハ第二百七十四條乃至第二百七十六條ノ規定ヲ準用ス
此他地代ニ付テハ賃貸借ニ關スル規定ヲ準用ス

地代に準用すへき賃貸借の規定

第六百十一條　賃借物ノ一部カ賃借人ノ過失ニ因ラスシテ滅失シタルトキハ賃借人ハ其滅失シタル部分ノ割合ニ應シテ借賃ノ減額ヲ請求スルコトヲ得
前項ノ場合ニ於テ殘存スル部分ノミニテ賃借人カ賃借ヲ爲シタル目的ヲ達スルコト能ハサルトキハ賃借人ハ契約ノ解除ヲ爲スコトヲ得

第六百十二條　賃借人ハ賃貸人ノ承諾アルニ非サレハ其權利ヲ讓渡シ又ハ賃借物ヲ轉貸スルコトヲ得ス
賃借人カ前項ノ規定ニ反シ第三者ヲシテ賃借物ノ使用又ハ收益ヲ爲サシメタルトキハ賃借人ハ契約ノ解除ヲ爲スコトヲ得

第六百十三條　賃借人カ適法ニ賃借物ヲ轉貸シタルトキハ轉借人ハ賃貸人ニ對シテ直接ニ義務ヲ負フ此場合ニ於テハ借賃ノ前拂ヲ以テ賃貸人ニ對

抗スルコトヲ得ス
前項ノ規定ハ賃貸人カ賃借人ニ對シテ其權利ヲ行使スルコトヲ妨ケス
第六百十四條　借賃ハ動産、建物及ヒ宅地ニ付テハ每月末ニ其他ノ土地ニ付テハ每年末ニ之ヲ拂フコトヲ要ス但收穫季節アルモノニ付テハ其季節後遲滯ナク之ヲ拂フコトヲ要ス

第三節　地上權行使の制限

地上權者は工作物又は竹木を所有するか爲め他人の土地を使用するの權を有するものなるか故に其權利の行使を完ふせむと欲せは其土地に付き土地所有者か之を使用する場合と同一の權利を認めさるへからす又地上權者か土地を使用するに付ては他人の土地所有權を害せさるの義務あり從て土地所有者か相隣者の利益の爲めに有する義務は之を地上權者間及ひ地上權者と土地所有者との間に準用すへきものとす

(參照)
第二百六十七條　第二百九條乃至第二百三十八條ノ規定ハ地上權者間又ハ地上權者ト土地ノ所有者ノ間ニ之ヲ準用ス但第二百二十九條ノ規定ハ地

上權設定後ニ爲シタル工事ニ付テノミ之ヲ地上權者ニ準用ス

第一項　土地使用に關する制限

隣地の使用　地上權者は相隣地を使用することを得　地上權者は土地を使用する者なるか故に他人の土地との疆界線に接して墻壁を築造し若くは修繕することを得るは論を俟たすされは築造又は修繕を爲すに付ては或範圍內に於て隣地を使用するの必要往々にして發生す然るに之か使用を爲すに一一隣地所有者の承諾を要するものとせは若し之か承諾なきときは土地所有者は其疆界線に接して墻壁を設くるを得さるへし此の如くんは疆界又は其近傍には新に建物を爲し又は已に存する建物を修繕することを得さる場合を生すへく竟に無益に土地の一部を空存し置き其築造若くは修繕の用に供せさることを得さるか如き不便を生す是經濟上甚た不利益なるものと云ふ可し故に必要ある場合に於ては隣地を使用することを得るものとせり

地上權者の隣地を使用せむには左の規定に從はさるへからす

第一、疆界線若くは其近傍に於て墻壁若くは建物を建築し或は修繕する場合ならさるへからす

第二、築造又は修繕の爲め隣地使用の必要ある場合ならさるへからす

右二个の場合に當るときは茲に隣地使用權を生するなり然れとも此使用權を行使するには左の制限を遵守せさるへからす

第一、隣地所有者の許諾を求め若し其許諾を得さるときは法廷に訴へ隣人をして其義務を承認せしむることを要す

兎に角他人の所有地に侵入するものなるか故に一應隣人に其旨を述へて許可を乞ふへし隣人の承諾なきに拘はらす妄りに腕力に訴へて隣地に闖入することを得さるは固よりなり

第二、住宅の使用は必す隣人の承諾を經さるへからす

隣人の庭園田畑等に立入る場合は前述する如くなれとも其住家に立入らむには必す隣人の承諾なかるへからす是他なし人の住居は些も侵すへからさるものにして事は已に憲法及ひ刑法にも明文ある所なり而して住家に侵入するは住居を侵すの最も甚しきものなるか故に地上權者か建築修繕等を爲さむか爲め住家に立入るの必要あるときは其承諾を受くへく若し承諾なきときは地上權者は之か爲め其借地の一部を無益に空存するの不便あるも之

を忍はさるへからさるなり

第三、使用に因り隣地に損害を生せしめたるときは之を賠償することを要す

地上權者の隣地使用權は法律の認むる所なれとも之か爲め損害を隣地所有者に加へたるときは之を賠償せさるへからさるは理の當然なり

（參照）

第二百九條　土地ノ所有者ハ疆界又ハ其近傍ニ於テ墻壁若クハ建物ヲ築造シ又ハ之ヲ修繕スル爲メ必要ナル範圍内ニ於テ隣地ノ使用ヲ請求スルコトヲ得但隣人ノ承諾アルニアラサレハ其住家ニ立入ルコトヲ得ス

前項ノ場合ニ於テ隣人カ損害ヲ受ケタルトキハ其償金ヲ請求スルコトヲ得

第二項　通行權に關する制限

地上權者は左の場合に於ては隣地の通行權を有す

第一、借地か袋地なる場合

所謂袋地とは一の土地か他の土地の爲めに圍繞せられ公路に達することを得さるものを云ふ此袋地は如此出入の路なきか故に世用を爲さゝるに至り竟に天物を暴殄するの虞れを生す故に設ひ隣人の承諾なき場合と雖もその

隣地を通行するを得るものとす

第二、池沼河渠若くは海洋に依るにあらされは公路に達することを得さる場合

此場合は前第一の場合と異り全然隣地を通行せされは公路に達することを得さるにはあらす然れとも此等水面に接する場合は橋梁若くは舟筏に依るに非されは公路に達するを得す橋梁を架せむと欲すれは其費用莫大にして到底微力を以て支ふへきに非す故に若し隣地の通行權を認めさるときは其利用を減せらるること恰も袋地に於けるに異らす是れ法律に於て通行權を許したる所以なりされは其水面の幅員甚た狹くして容易に公路に達し得へきときは此權を生せさるなり

第三、土地と公路と著しく高低を爲す場合

借地の形勢によりて道路と其土地との間に崖岸ありて著しく高低あること稀なりとせす此場合に於ては其土地の一部を切下けて階段を造るか又は其土地の一部の上に階段を設くるにあらされは道路に通すること能はす是頗る不便にして且土地の一部を無益に使用するものと云ふへしされは此場合にも隣地通行權を認めたるなり

以上三個の場合に於ては地上權者は隣地通行權を有すと雖も是偏へに止むを得さる必要より出てたるものなれは地上權者は其權利を行使するに當り可成丈隣地の損害をして少なからしむる方法を擇まさるへからす故に法律上其通行權行使の場所及ひ方法に付き制限を附せり即ち左の如し

第一、必要なる限度內に於てのみ隣地を使用す

例へは地上權者か普通人なるときは必すしも車に乘りて其土地を通行するを要せさるへきを以て徒步して之を通行すへきの類是なり

第二、圍繞地の爲め損害の少なきものを撰ふへし

例へは庭園と田畑とある場合には田畑の方を通行するか如し

通行權も亦圍繞地の所有權を害すること甚しきものなるか故に之に因りて利益を受くる地上權者をして其損害の賠償を爲さしむるは固より當然なり然りと雖も元來圍繞地の被むる損害は日々通行を爲すに因りて生するものなれは其損害は悉く一朝に生するものにあらす故に袋地地上權者にして一時に巨額の償を爲すことを欲するときは之を拂ふ固より可なりと雖も若し之を欲せさるときは年々圍繞地の被むるへき損害に應して償金を拂ふも可なるものとせ

り但通路を開設する場合に於ては往々隣地の竹木を除去し或は其作物を刈取る等特別の損害を生すること多し此損害は一時に生するものにして通行より生する年々の損害と同一視すへからす故に之に對しては一時に其償金を拂ふへきものとせり

〔參照〕

第二百十條　或土地カ他ノ土地ニ圍繞セラレテ公路ニ通セサルトキハ其土地ノ所有者ハ公路ニ至ル爲メ圍繞地ヲ通行スルコトヲ得

池沼河渠若クハ海洋ニ由ルニ非サレハ他ニ通スルコト能ハス又ハ崖岸アリテ土地ト公路ト著シキ高低ヲ爲ストキ亦同シ

第二百十一條　前條ノ場合ニ於テ通行ノ場所及ヒ方法ハ通行權ヲ有スル者ノ爲ニ必要ニシテ且圍繞地ノ爲ニ損害最モ少ナキモノヲ選フコトヲ要ス」

通行權ヲ有スルモノハ必要アルトキハ通路ヲ開設スルコトヲ得

第二百十二條　通行權ヲ有スル者ハ通行地ノ損害ニ對シテ償金ヲ拂フコトヲ要ス但通路開設ノ爲ニ生シタル損害ニ對スルモノヲ除ク外一年毎ニ其償金ヲ拂フコトヲ得

第三項　流水に關する制限

地上權者は其土地を使用するの便利を有するものなるか故に本則として隣地より自然に流れ來る水路も亦自己の借地に於て之を杜絕し又は之を貯藏することを得るや當然なるか如し然りと雖も如斯水路の杜絕するときは高地には水の停滯を來し衞生を害し耕耘を妨くるの恐れあるへし又水を貯溜するときは低地の危害少なからす故に此場合に於ては公益上其權利を制限し以て此等の危害を防く而して此制限は更に水の疏通に關する制限と水の使用に關する制限とに區別することを得

水の疏通に關する制限

水の疏通に關する制限は亦之を二箇に分つことを得即ち自然の疏通に關する制限及ひ人爲の疏通に關する制限是れなり

(甲)自然の疏通に關する制限

人の行爲に因らすして水の疏通するは寧ろ自然の事に屬するもの何人と雖も之を妨くへからす故に地上權者は隣地より自然に流れ來る水を妨くることを得さるなり

地上權者か隣地より自然に疏通する水を受くへき制限より生する重要の結果は左の如し

（イ）地上權者は自己の借地より自然に隣地に流出する水を防止するの責任なし

（ロ）地上權者か隣地より自然に流出する水を防止したるときは其隣地所有者は流水を防止したる地上權者をして其土地の下部に排水するに足るへき設置を爲さしむることを得へし又其防止の爲め如何なる損害を地上權者に生することあるも之を賠償するの義務なし

（ハ）地上權者は水に伴ひて土地より流出する砂礫に對して亦之を防止することを得す故に甲地より砂礫か流出して乙地の一部を荒地と爲すも又其他の損害を受くるも乙地の所有者は賠償を請求するの權なし又此甲地より乙地に流出したる砂礫の所有權は甲地の所有者に屬するを通例とす

（ニ）隣地より水の自然に流出するを妨くことを得さるは土地所有權の制限にして地上權者は決して其水を疏通せしむるの義務を負ふことなし故に流水か地上權者の行爲に因らす自然に甲地に於て阻塞したるときは爲めに損害

を生するも地上權者に對して賠償を請求することを得さるなり、

斯くて地上權者は自ら進むて流水の疏通を計る義務を負はすと雖も地上權者にして其疏通を放任するときは甲地に水の淹滯を來し爲めに衛生を害し若くは耕地を不耗に歸せしむるに至り公益を害すること尠からす故に甲地所有者は袖手して其損害を被むるを傍觀するを要せす進んて乙地に於ける阻害を排除することを得るなり然れとも此等の工事を爲すと否とは甲地所有者の權利なるか故に之を拋棄することを妨けす從て此場合に於て疏通阻塞の爲め乙地に損害あるときは地上權者は自ら進んて之か排除を爲さゝるへからす

以上の規定は極めて有益にして且公平なるものなり尤も是等の事項は各地其狀況を異にするに從ひ之に異なる慣習なしとせさるも此の如き慣習ある場合に於ても之に關せすして必す右の規定に據るへきものとせり但し法律は右に關する費用の負擔方に限りて別に慣習あるときは其慣習に從ふものと規定したり

(ホ)雨水を隣地に注瀉せしむへき工作物を設くるとを得す、　土地の所有者は隣地に落ちたる雨水の自然に流れ來るを妨くることを得さるものなりと雖も隣地の所有者も亦屋根其他の工作物を設け之に依りて雨水を一處に集めて其土地に注瀉せしむることを得すされは地上權者も亦此制限に服せさるへからす例へは雨樋を設けて雨滴れを乙地に注瀉せしめさるを努むへきか如し

(ヘ)地上權者は其地上に如何なる工作物を設くるも其自由の權利に屬す故に其權内に於ては工業又は庭園の粧飾の爲め水を其地内に引き若くは溝を穿ちて他より流下せるを排疏するを妨けす從て隣地所有者は其工作物の設置を拒むことを得す然れとも此等の工作物より隣地に損害を及ほし又は及ほすへき危險あるときは隣地所有者は其危險を除去せしむるの權利を有す所謂工作物に因て生する危險に三種あり即ち左の如し

一、工作物か破潰に因り隣地に損害を及ほすとき

例へは地を掘て貯水したるに堤防破潰の爲め隣地に溢水したるか如し

二、工作物の阻塞に因り隣地に損害を及ほすこと

例へは水路腐敗の爲め隣地に溢水したるか如し

三、工作物か破潰又は阻塞すへき危險あるとき例へは池の堤防極めて薄弱な

るか又は水路の幅員狹くして且崩壞の恐れあるか如し

右三个の場合に於ては危險排除の方法同一ならす即ち破潰したる場合は之を修築せしむへく又阻塞したるときは之を除かしむへく若し又損害を及はすの虞れあるときは之か豫防を請求するか如し而して是等危險の排除に關する費用は工作物の所有者之を負擔す

（乙）人爲の疏通に關する制限

高地を借り受けたる地上權者は其土地の水を自然に低地に流下せしむることは之を自由に爲し得へしと雖も人工に由りて故らに之を流下せしむることを得す然りと雖も高地か元來濕地にして之を乾かす爲めには相當の工事を施し以て其水を低地に流下せしむるに非されは高地は經濟上及ひ衞生上甚た不利益なる狀況に在ることあり又厨房用沐浴用等の汚水若くは農工業の爲めに使用したる水（用水の外水車其他水力を用ふる機械等に付て云ふ）は之を低地に流下することを得されは殆んと生活を爲し若くは農工業を營むことを得さるへし此等の場合に於ては原則としては公路公流又は下水道等に其水を流下せしむへきものとす若し直ちに之に流下せしむること能はさ

る場合に於ては他人の低地を通過せしむることを得るものとせり但低地の爲めに損害の最も少き場所及ひ方法を選ふへきは勿論なり例へは家屋の床下庭園の中央等は成るへく之を避け田畑等を選ふへきものなりとす、

以上述ふるか如く高地所有者は必要上水を低地に流下せしむる權を有す其結果として低地に於て其水の疏通に必要なる工作物を設置することを得然れとも若し水を通過せしむる爲め既に其土地に工作物を設置しあるときは高地者は其工作物を使用することを得るなり斯の如くんは水を流下せしむる權を有する土地の者か工作物を設置するの費用を省き又低地の者は新たに工作物設定の爲め土地の利用を妨けらるゝ所の損害を免るゝことを得へく二者共に利益することを得へし尤も高地の者は之に依りて工作物を設置するの費用を省きたるか故に既設の工作物に付き要せる費用は自己か利益を受くる限度に於て分擔することを要し又將來此工作物を保存するか爲めに要する費用も工作物の所有者と分擔することを要す蓋し此等の費用は工作物使用者に生すへき當然の費用なれはなり

（參照）

第二百十四條　土地ノ所有者ハ隣地ヨリ水ノ自然ニ流レ來ルヲ妨クルコトヲ得ス

第二百十五條　水流カ事變ニ因リ低地ニ於テ阻塞シタルトキハ高地ノ所有者ハ自費ヲ以テ其疏通ニ必要ナル工事ヲ爲スコトヲ得

第二百十六條　甲地ニ於テ貯水又ハ引水ノ爲メニ設ケタル工作物ノ破潰又ハ阻塞ニ因リテ乙地ニ損害ヲ及ホシ又ハ及ホス虞アルトキハ乙地ノ所有者ハ甲地ノ所有者ヲシテ修繕若クハ疏通ヲ爲サシメ又必要アルトキハ豫防工事ヲ爲サシムルコトヲ得

第二百十七條　前二條ノ場合ニ於テ費用ノ負擔ニ付キ別段ノ慣習アルトキハ其慣習ニ從フ

第二百十八條　土地ノ所有者ハ直チニ雨水ヲ隣地ニ注瀉セシムヘキ屋根其他ノ工作物ヲ設クルコトヲ得ス

第二百二十條　高地ノ所有者ハ浸水地ヲ乾カス爲メ又ハ家用若クハ農工業用ノ餘水ヲ排泄スル爲メ公路公流又ハ下水道ニ至ルマテ低地ニ水ヲ通過セシムルコトヲ得但低地ノ爲メニ損害最モ少キ場所及ヒ方法ヲ選ムコト

ヲ要ス

第二百二十一條　土地ノ所有者ハ其所有地ノ水ヲ通過セシムル爲メ高地又ハ低地ノ所有者カ設ケタル工作物ヲ使用スルコトヲ得

前項ノ場合ニ於テ他人ノ工作物ヲ使用スル者ハ其利益ヲ受クル割合ニ應シテ工作物ノ設置及ヒ保存ノ費用ヲ分擔スルコトヲ要ス

流水に關する制限

流水は沿岸所有者に於て之を使用することを得るものなり凡そ水流の流下する狀態に二種あり一は二个の土地の疆界線を流下する場合にして一は同一所有者の土地を流下する場合なり此二个の場合に於ては流水使用に關する制限に大なる差異あり疆界線を流下する場合に於て水流を使用するに付ては自由なるも水路を變し又は其幅員を增減することを得す蓋し此場合に於ては對岸は他の所有者に屬するものなるか故に斯かる所爲を爲すときは對岸所有者の權利を害するの結果を生すれはなり之に反して水か同一所有者の土地を通過する場合に於ては對岸は勿論河床の全部は自己の所有に屬するか故に自由に之を變更處分することを得へし然れとも此等變更の儘にて放置するときは水

路を變し幅員を增減し他人の權利を害するの結果を生する虞あるか故に其末流に於て自然の水路に復せさるへからさるなり

地上權者は堰を對岸に附着せしむることを得、沿岸地を借受けたる地上權者は流水を使用するの權あること右に述へたるか如し亦若し地面と水面とに甚しく高低あるときは使用の目的を達するか爲め堰を設くるの必要あり此場合に於ては其堰を對岸に附着せしむることを得然れとも是等の行爲の爲めに對岸者に損害を生せしめたるときは使用者は素より之を賠償せさるへからす地上權者か流水を使用せんか爲め堰を設くるの必要あるときに於て對岸の所有者既に堰を設置せるときは其堰を使用することを得但已に他人の設けたる堰を使用する以上は其利益を受くる限度に從ひ因て生する一切の費用を分擔せさるへからさるなり

（參照）

第二百十九條　溝渠其他ノ水流地ノ所有者ハ對岸ノ土地ノ他人ノ所有ニ屬スルトキハ其水路又ハ幅員ヲ變スルコトヲ得ス

兩岸ノ土地カ水流地ノ所有者ニ屬スルトキハ其所有者ハ水路及ヒ幅員ヲ

變スルコトヲ得但下口ニ於テ自然ノ水路ニ復スルコトヲ要ス

前二項ノ規定ニ異ナリタル慣習アルトキハ其慣習ニ從フ

第二百二十二條　水流地ノ所有者ハ堰ヲ設クル需要アルトキハ其堰ヲ對岸ニ附着セシムルコトヲ得但之ニ因リテ生シタル損害ニ對シテ償金ヲ拂フコトヲ要ス

對岸ノ所有者ハ水流地ノ一部カ其所有ニ屬スルトキハ右ノ堰ヲ使用スルコトヲ得但前條ノ規定ニ從テ費用ヲ分擔スルコトヲ要ス

第四項　土地の疆界に關する制限

第一、界標の設置

經界權　夫れ疆界なるものは兩地の區域を明かにする者にして平生兩地の所有權の範圍を明かならしめ且後日の爭議を豫防するに必要なるものなり故に法律は土地所有者に與ふるに界標を設くるの權利を以てせり之を經界權と稱す此經界權は地上權者も有するものとす而して此疆界なるものは素と兩地の爲めに必要なるものなれは若し一方にて之を設くることを欲するときは必すしも自己の費用のみを以て之を設くることを要せす隣地の所有者をして其費

用を分擔せしむることを得すんはあるへからす

界標設置費用負擔の割合　界標の設置は素と相隣者双方の利益なるか故に之か設置費用も二者平等に負擔すへきこと當然なり故に相隣土地の廣狹大小に依りて其割合を定むへきものに非す然れとも之には一例外あり則ち測量の費用之なり蓋し測量の費用は各地の廣狹により其費用を同ふせす故に土地の廣狹に依りて分擔方を定むへきものとす

第二、圍障の設置

圍障とは一定の邸宅を隱蔽する爲めに設くる工作物を云ふ圍障を設置するの地を名けて圍障權と云ふ圍障は右の目的の爲めに必要なるか故に疆界の如く單純なる標示物を以て足れりとせす故に甲乙兩人の家屋其他の建物か全く接着する場合を除くの外其所有者は疆界線上に圍障を設け他の所有者をして其費用を分擔せしむることを得、而して地上權者は此場合にも所有者と同一の權利を有す

圍障の材料　圍障は如何なる材料を以て之を設くへきかは當事者の協議に依りて定まるへきものとす而して其高さ加減も亦相隣地の協議次第なり然りと

雖も若し其協議調はさるときは法律上其材料は之を板屏又は竹垣とし其高さは之を六尺とすへきものとす

圍障設置の費用　如此して圍障を設置したるときは其設置費用は相隣者平分して之を負擔すへきものとす其他圍障保存の費用も亦同し蓋し圍障も亦界標に同しく兩地又は兩建物の所有者又は地上權者平等に利益を受くへきものなれはなり

特別なる圍障の設置　當事者の協議合はさるときは圍障は板塀又は竹垣にして高さ六尺なることを要すとせるは已に述へたるか如し而して斯かる規定ある所以は通常の場合には之れ丈けにて足れりと看做したれはなり然りと雖も當事者の身分建物の構造等に依り此材料又は此高さの圍障にては未た以て足れりとする能はさることあり例へは貴顯紳士は土塀若くは石垣として高さ丈餘に達するものを必要とするか如し是等の場合に於て當事者の一方の需用に依り特に高價なる圍障を設け隣人をして其費用を分擔せしむるは固より不當にして法律の許さゝる所なり若し其需要ある當事者か其費用の增加額を負擔せは他の一方に於て之を妨くることも得さるものとす故に相隣の當事者は法

律に於て定めたる材料よりも良好なるものを用ひ又は高さを增して其圍障を設くるの權ありと雖も此材料を用ひ其高さを增したるに因りて生したる費用の增加額は總て其當事者の一方に於て之を負擔すへきものとせり故に此場合に於ては隣人は普通の場合に於ける圍障の半分を負擔し此餘は皆其當事者の一方に於て之を負擔することゝなるなり

圍障に關する慣習　圍障に關する慣習あるときは其慣習に從ふものとす蓋し圍障權は便益の爲めに與へたるものにして經界權及ひ通行權等の如く之なければ公益を害するものと謂ふへからす故に若し地方の慣習にして明かに圍障を認めたるものあるときは法律の規定の如何を問はす其に依るへきものとす

第三、界標圍障墻壁及ひ溝渠の共有

共有の推定　地上權設定後其疆界線上に設けたる界標圍障墻壁及ひ溝渠は其地上權者と他の相隣者との共有物と推定せらるゝなり法律に於て此推定を設けたる理由は他ならす此等の物は永久存續すへき性質のものなれは後日竟に何人か之を設けたるか知ること能はさるに至れはなり故に反對の證據なき限は相隣者の共有に屬するものと推定せり

共有の原則より論すれは共有物は其共有者に於て各自、自由に且何時にても分割を請求し得へきものとす然りと雖も本項の共有關係は分割の請求を爲すことを許さゝるなり

共有の推定を下さゝる墻壁　墻壁は相隣者の共有と看做すへきものなること以上述へたる如くなれとも亦他に此共有の推定を下さゝるものあり則ち左の如し

一　疆界線上の墻壁か一方建物の部分を爲す場合

此場合に於ては其墻壁は一方の用に供すること分明なるか故に其建物の所有者のみに屬するものとしたるは固より當然なり

二　高さの不同なる二種の建物を隔つる墻壁の低き建物を踰ゆる部分

雙方の建物か接着せる場合に於て一方の建物か他の建物よりも高きときは墻壁も亦自ら高かるへきこと固よりなり此場合に於ては其高き部分は一方の建物の爲めにのみ用を爲すか故に其相手方の共有に屬せさること疑を容れす故に此場合に於ては其部分は高き建物の所有者に屬するものとせり然れとも其墻壁の雙方の建物の用を爲す部分は尚ほ雙方の共有に屬するもの

とするなり

亦防火墻壁は共有と推定するなり何となれは防火墻壁は多少建物の屋根より高く聳ゆるに非されは殆んと共用を爲し難し故に假令雙方の建物に高さの不同あるも其防火墻壁は全く雙方の共同費用にて之を造りたるものと看做さゝることを得す

(參照)

第二百二十三條　土地ノ所有者ハ隣地ノ所有者ト共同ノ費用ヲ以テ疆界ヲ標示スヘキ物ヲ設クルコトヲ得

第二百二十四條　界標ノ設置及ヒ保存費用ハ相隣者平分シテ之ヲ負擔ス但測量ノ費用ハ其土地ノ廣狹ニ應シテ之ヲ分擔ス

第二百二十五條　二棟ノ建物カ其所有者ヲ異ニシ且其間ニ空地アルトキハ各所有者ハ他ノ所有者ト共同ノ費用ヲ以テ其疆界ニ圍障ヲ設クルコトヲ得

當事者ノ協議調ハサルトキハ前項ノ圍障ハ板塀又ハ竹垣ニシテ高サ六尺タルコトヲ要ス

第二百二十六條　圍障ノ設置及ヒ保存ノ費用ハ相隣者平分シテ之ヲ負擔ス
第二百二十七條　相隣者ノ一人ハ第二百二十五條第二項ニ定メタル材料ヨリ良好ナルモノヲ用キ又ハ高サヲ增シテ圍障ヲ設クルコトヲ得但之ニ因リテ生スル費用ノ增額ヲ負擔スルコトヲ要ス
第二百二十八條　前三條ノ規定ニ異リタル慣習アルトキハ其慣習ニ從フ
第二百二十九條　疆界線上ニ設ケタル界標圍障墻壁及ヒ溝渠ハ相隣者ノ共有ニ屬スルモノト推定ス
第二百三十條　一棟ノ建物ノ部分ヲ成ス疆界線上ノ墻壁ニハ前條ノ規定ヲ適用セス
高サノ不同ナル二棟ノ建物ヲ隔ツル墻壁ノ低キ建物ヲ踰ユル部分亦同シ但防火墻壁ハ此限ニ在ラス
第二百三十一條　相隣者ノ一人ハ共有ノ墻壁ノ高サヲ增スコトヲ得但其墻壁カ此工事ニ耐ヘサルトキハ自費ヲ以テ工作ヲ加ヘ又ハ其墻壁ヲ改築スルコトヲ要ス
前項ノ規定ニ依リテ墻壁ノ高サヲ增シタル部分ハ其工事ヲ爲シタル者ノ

專有ニ屬ス
第二百三十二條　前條ノ場合ニ於テ隣人カ損害ヲ受ケタルトキハ其償金ヲ請求スルコトヲ得

第四、竹木の伐採

元來土地の所有者及ひ地上權者は疆界線に密接せる土地に於ても竹木を栽植するの權を有す然れとも其枝根繁茂して隣地を襲ふときは耕作を妨け空氣の流通を害す之を以て相隣者に之か伐採權を認めすんは非す而して此伐採權の行使は竹木の枝なると根なるとに依りて多少異れる所あり隣地の竹木の枝か疆界線を踰ゆるときは其竹木の所有者をして其枝を伐採せしむへし
竹木の根か疆界線を踰ゆるときは自ら之を伐採することを得如此枝に付ては竹木の所有者をして之を截取せしめ根に付ては自ら之を截取することを得るか如く二者其間に差異を設けたる所以は蓋し枝は根に比して通常價高きのみならす表面に表はるゝものなるか故に容易に之を伐採することを得之に反して根は地下に繁殖するものなるか故に他人をして之を截取せしむるときは隣

地を發掘し其利用を妨く是此區別ある所以なり

（參照）

第二百三十三條　隣地ノ竹木ノ枝カ疆界線ヲ踰ユルトキハ其竹木ノ所有者ヲシテ其枝ヲ剪除セシムルコトヲ得

隣地ノ竹木ノ根カ疆界線ヲ踰ユルトキハ之ヲ截取スルコトヲ得

第五、工作物の設置

疆界線に接して建物を設置するときは爲めに空氣の流通を妨け火災の危害を増し又池を穿つときは崩壞の虞あり故に法律は隣地を保護する爲め此等工作物の設置は疆界線より一定の距離を以てするにあらされは之を設置することを許さす

一、建物を設置するには疆界線より一尺五寸の距離を存することを要す

疆界の近傍に於て建物を築造せんとするに當りては幾分の餘地を殘さゝるときは隣地に於て同しく建物を築造せむと欲するに當りて其築造の爲め又は一旦築造したる建物を修繕する爲に隣地に於てのみ充分の餘地を存するの必要を生し爲めに間接に隣地の所有地を害するに至るへし蓋し其餘地は

雙方の爲めに必要なるものにして雙方其半はを殘すを至當とす而して通常三尺の餘地あれは以て足れりとすれはなり

右の規定に依らすして築造したる建物は固より違法のものなり故に純理よりえを言へは相隣者は何時にても其建物の取拂を命することを得へき筈なり然りと雖も是經濟上極めて不利益なる所なり故に法律上相隣者か其建築を廢止し又は之を變更せしむることを得るは其建築落成の前にして且建築着手の時より一年を經過せさる間に限るものとし建築落成の後又は建築着手の時より一年を經過したる後は單に損害の賠償を請求することを得るに止まるものとす

二、他人の宅地を觀望すへき窓又は緣側を設くる者は彊界線より三尺以上の距離を存することを要す若し三尺未滿の距離なるときは之に目隱を付することを要す

蓋し窓及ひ緣側なるものは他人の土地を觀望すへきものにして其相隣者は爲めに自己の地內の情況を窺知せられ頗る不愉快を感すること多かるへし故に建物に窓又は緣側を設くるには本項の制限を守るへきものとす同しく

窗なりと雖も日光の透射空氣の流通のみを目的として敢て他人の土地を觀望せさる類の窓あり是等は此制限に由るを要せす何れの箇所へ附設するも妨けなきなり

又隣地か宅地に非すして田畑山林なるときは此制限に由るを要せす

目隱を附するときは如何に疆界線に間近きも窓及ひ緣側を設くることを得而して其目隱の材料は法律に之を規定せさるか故に慣習に從ひ多くの場合に在りては唯木板にて窓又は緣側の前を掩ふを以て足れりとす

三尺未滿の距離に於て窓及ひ緣側を設くること及ひ目隱を附することに付て特別の慣習あるときは其慣習に從ふものとす

三、井戸、用水溜、下水溜又は肥料溜を穿つには疆界線より六尺以上の距離を有することを要す

凡そ疆界線の近傍に於て地面又は地中に或工事を施すときは往々隣地に損害を及ほすの虞あるものなり故に法律は疆界線より相當の距離を存するに非されは工事を爲すことを得さるものとせり而して本項に於けるか如き工事は何れも土地を崩壞せしめ若くは近傍に濕氣を及ほすへきものにして隣

地か之に依りて損害を受くへき危險殊に多きを以て他の工事より一層大なる距離を要するものとせり

四、池、地窖又は厠坑を穿つには疆界線より三尺以上の距離を存することを要す」

池の内には塗地、養魚等をも含む、地窖とは穴藏、室等を云ふ

五、水樋を埋め又は溝渠を穿つには疆界線より其深さの半以上の距離を存することを要す

是等の工事は其深さに因りて危險の程度を同ふせさるを以て法律は前二項の場合の如く其距離を一定せす

六、相隣者は疆界線の近傍に於て前三項に掲けたる工事を爲すときは土砂の崩壞、水又は汚液の滲漏を防くに必要なる注意を爲すへきものとす何となれは假令六尺三尺等法律上定めたる距離を存すと雖も其工事には相當の注意を爲さゝるときは隣地は損害を受くること固よりなれはなり

（參照）

第二百三十四條　建物ヲ築造スルニハ疆界線ヨリ一尺五寸以上ノ距離ヲ存スルコトヲ要ス

前項ノ規定ニ違ヒテ建築ヲ爲サントスル者アルトキハ隣地ノ所有者ハ其建築ヲ廢止シ又ハ之ヲ變更セシムルコトヲ得但建築著手ノ時ヨリ一年ヲ經過シ又ハ其建築ノ竣成シタル後ハ損害賠償ノ請求ノミヲ爲スコトヲ得

第二百三十五條　彊界線ヨリ三尺未滿ノ距離ニ於テ他人ノ宅地ヲ觀望スヘキ窻又ハ緣側ヲ設クル者ハ目隱ヲ附スルコトヲ要ス

前項ノ距離ハ窻又ハ緣側ノ最モ隣地ニ近キ點ヨリ直角線ニテ彊界線ニ至ルマテヲ測算ス

第二百三十六條　前二條ノ規定ニ異ナリタル慣習アルトキハ其慣習ニ從フ

第二百三十七條　井戶、用水溜、下水溜又ハ肥料溜ヲ穿ツニハ彊界線ヨリ六尺以上池、地窖又ハ厠坑ヲ穿ツニハ三尺以上ノ距離ヲ存スルコトヲ要ス

水樋ヲ埋メ又ハ溝渠ヲ穿ツニハ彊界線ヨリ其深サノ半以上ノ距離ヲ存スルコトヲ要ス但三尺ヲ踰ユルコトヲ要セス

第二百三十八條　彊界線ノ近傍ニ於テ前條ノ工事ヲ爲ストキハ土砂ノ崩壞又ハ水若クハ汚液ノ滲漏ヲ防クニ必要ナル注意ヲ爲スコトヲ要ス

第三節　地上權の期間

合意上の指定　地上權の期間は當事者に於て之を定むるを原則とす設定行爲を以て地上權の存續期間を定めたるときは其期間如何に長期なるも皆有效なるものとす

裁判所の指定　期間の定めなきときは裁判所之を定む地上權の存續期間を當事者に於て定めたるときは固より之に依るへきは當然なりと雖も當事者に於て之を定めさりしときは其一方より裁判所に請求して豫め相當の期間を定めしむることを得へし然らは此場合に於ては裁判所は何を標準として定むへきや即ち二十年以上五十年以下の範圍内に於て工作物又は竹木の種類及ひ狀況其他地上權設定當時の事情を斟酌して其存續期間を定むへき者とせり

凡そ地上權なるものは殆と所有權に均しき强大なる權力を有する者にして所有者は地上權の存する間は妄りに其土地に改良を爲すと能はさるのみならす假令地上權者か其改良を施すことを妨けさるにもせよ實際所有者は夫れか爲め即今些少の利益を感せさるか故に敢て大金を投して之に改良を施すか如きことは爲さゝるへし而して地上權者も亦其土地は元來他人の土地なるか故に自己の權利の存する間は己に利益と爲る樣之を使用すへきは勿論なりと雖も

土地の將來の利益を考ふるか如きは到底之を地上權者に望むこと能はす故に土地の地上權繼續中は改良を受くることは實際稀なる所にして經濟上其地上權の長期に過くる如きは甚た忌むへき所なり然りと雖も之に反して若し地上權の期間を定むること短期に失するときは地上權者は殆と其權利より生すへき利益を享有すること能はす爲めに地上權設定の趣旨に戻るか如きことなしとせす是れ二十年以上五十年以下の範圍に於て其期間を定むへきものと爲したる所以なり

第四章　地上權の消滅

第一節　消滅の原因

第一地上權の拋棄　凡そ權利は其何れの種類に屬するを問はす自己に屬するものは自由に之を拋棄することを得へきは法律上の原則なり地上權も此原則に因り拋棄することを得へしと雖も尙ほ特別の規定あり今是を區別して說明す

(一)期間を定めたる場合　此場合には地上權者は自由に之を拋棄することを

得す其期間の終了するを俟たさるへからす

（二）期間を定めさる場合

（イ）地代なき場合　此場合に於ては地上權者は何時にても其權利を拋棄し一切の關係を斷絕することを得へきものとす蓋し地主の權利を害することなけれはなり

（ロ）地代を拂ふへき場合　地上權者に於て地代を支拂ふへき場合に於ては地上權の拋棄を一年前に豫告するか又は豫め一年分の地代を拂ふに非されは之を拋棄することを得す蓋し地代附の地上權を拋棄するときは是と同時に其伴ふ所の地代を拂ふの義務を免るへきものなれは爲めに土地の所有者を害する虞れあれはなり

（ハ）慣習　若各地の慣習にして右に異るもの　あるときは之に依るへきものとす

（參照）

第二百六十八條　設定行爲ヲ以テ地上權ノ存續期間ヲ定メサリシ場合ニ於テ別段ノ慣習ナキトキハ地上權者ハ何時ニテモ其權利ヲ拋棄スルコトヲ

得但地代ヲ拂フヘキトキハ一年前ニ豫告ヲ爲シ又ハ未タ期限ノ至ラサル一年分ノ地代ヲ拂フコトヲ要ス
地上權者カ前項ノ規定ニ依リテ其權利ヲ抛棄セサルトキハ裁判所ハ當事者ノ請求ニ因リ二十年以上五十年以下ノ範圍內ニ於テ工作物又ハ竹木ノ種類及ヒ狀況其他地上權設定ノ當時ノ事情ヲ斟酌シテ其存續期間ヲ定ム

第二存續期間の終了　地上權の存續期間を定めたる時は其期間の經過に因て地上權の當然消滅するは別に說明するの要なし

（參照）
第百三十五條　法律行爲ニ始期ヲ附シタルトキハ其法律行爲ノ履行ハ期限ノ到來スルマテ之ヲ請求スルコトヲ得ス
法律行爲ニ終期ヲ附シタルトキハ其法律行爲ノ效力ハ期限ノ到來シタル時ニ於テ消滅ス

第三條件の成就　地上權の設定に解除條件を付したるときは其條件成就に因りて地上權は消滅するものとす

（參照）

第百二十七條　停止條件附法律行爲ハ條件成就ノ時ヨリ其效力ヲ生ス
解除條件附法律行爲ハ條件成就ノ時ヨリ其效力ヲ失フ當事者カ條件成就ノ效果ヲ其成就以前ニ遡ラシムル意思ヲ表示シタルトキハ其意思ニ從フ

第四消滅時效の成就　地上權に於ける消滅時效には左の要件を具ふるを要すること猶ほ一般の場合に異ならす

(一)權利の不行使　地上權者か其權利を行使せすして打棄て置くを地上權の不行使と云ふ元來法律か消滅時效なるものを認めたるの理由は權利者か永く其權利を行使せさるは通例其怠慢に基き而して其結果たる永く權利を不確定の狀態に在らしめ自然公益に害あるか故に之を消滅せしむるを至當とせるなり

(二)二十年間經過したること　地上權を行使せさるの事實ありと雖も二十年間此狀態存續せされは消滅せさるなり

右二條件を具備するときは玆に地上權は時效に因て消滅するなり而して地上權の消滅を來すときは其結果曾て地上權を設けさるの狀態に外ならさるなり

（參照）

第百六十六條　消滅時效ハ權利ヲ行使スルコトヲ得ル時ヨリ進行ス（第一項）

第百六十七條　債權ハ十年間之ヲ行ハサルニ因リテ消滅ス

債權又ハ所有權ニ非サル財產權ハ二十年間之ヲ行ハサルニ因リテ消滅ス

第五　借地の滅失　地上權の目的物たる土地其物か天災地變に因りて消滅したるときは從て地上權も消滅を來すや當然なり例へは海嘯又は洪水の爲め土地の陷沒したる場合の如し

第六　所有權と地上權との混同　混同とは同一の物に付き二個以上の權利の存在する場合に於て其權利か同一人に歸屬したるを謂ふ今所有權と地上權と同一人に歸したるときは其地上權は消滅するものなり例へは地上權者か後日地主の相續人となり其土地を相續したる場合の如し

（參照）

第百七十九條　同一物ニ付キ所有權及ヒ他ノ物權カ同一人ニ歸シタルトキハ其物權ハ消滅ス但其物又ハ其物權カ第三者ノ權利ノ目的タルトキハ此限ニ在ラス

所有權以外ノ物權及ヒ之ヲ目的トスル他ノ權利カ同一人ニ歸シタルトキハ其權利ハ消滅ス此場合ニ於テハ前項但書ノ規定ヲ準用ス
前二項ノ規定ハ占有權ニハ之ヲ適用セス
以上は地上權消滅の重なる原因なり以下其效果を述へんとす

第二節　消滅の效果

地上權の消滅したるときは當事者間に或權利義務の關係を生す

第一地上權者の權利

地上權消滅したるときは地上權者は工作物及ひ竹木を土地より分離し之を處分するの權を有す抑も地上權者は土地に付ては單に之を使用するの權利を有するのみに過きさるも定著物に付ては之を所有するの權利を有するか故に土地より分離したる以上は自由に之を處分することを得へし

第二地上權者の義務

(一)土地返還の義務　地上權者は土地を返還するに當りては之を原狀に回復することを要す、地上權者は地上權消滅の際工作物又は竹木に關する所有權を有するものなるか故に之を收去するの權あるは固よりなりと雖も唯其收去の爲め土地に毀損を生せしむへからす例へは工作物を取去るに當り土中に埋めたる物を掘取り又は竹木を拔き去りたる跡に穴を生したるときは其穴を埋めて之を平坦にせさるへからす

(二)地主の先買に應する義務、地主か工作物又は竹木を買取ることを申出てたるときは地上權者は理由なくして之を拒むことを得す法律は地上權者に負はしむるに此義務を以てせるは蓋し公私の利益を保護せんとの精神に外なきものなり凡そ工作物又は竹木は之を收去するときは多くは其物の價を損し又土地の價をも損するを常とす是啻に双方の爲め不利益なるのみならす國家の經濟上亦不利益なるか故に地主に此特權を與へたるなり但此規定に因りて地上權者の利益を害せさることを要するは勿論なり而して地主の先買權行使の條件は左の如し

(一)地主は先つ時價を提供することを要するものとす則ち直ちに其價を拂ふの準備を爲すことを要す

(二)反對の慣習なき場合なるを要す地主に先買の權を認めさるの慣習あるときは其慣習に依るへきものとす

（參照）
第二百六十九條　地上權者ハ其權利消滅ノ時土地ヲ原狀ニ復シテ其工作物及ヒ竹木ヲ收去スルコトヲ得但土地ノ所有者カ時價ヲ提供シテ之ヲ買取ルヘキ旨ヲ通知シタルトキハ地上權者ハ正當ノ理由ナクシテ之ヲ拒ムコトヲ得ス
前項ノ規定ニ異ナリタル慣習アルトキハ其慣習ニ從フ

第五章　民法施行以前の地上權

終に臨み民法施行前に設定せし地上權は如何なる效力を有するかを說明せむとす
民法施行前に期間を定めて地上權を設定したるときは其期間內存續するは固よりなりと雖も期間を定めさりしときは何時まて繼續すへきか曰く當事者か其期間を定められんことを裁判所に請求し裁判所は設定の時より二十年以上民法施行の日より五十年以下の範圍內に於て其存續期間を定むへきものとす尤も當事者の協議調ふときは敢て裁判所の手を經るを要せす適宜定むることを得

へし
地上權者か民法施行前より有したる建物又は竹木あるときは地上權は其建物の朽廢又は其竹木の伐採期に至るまて存續すへきものとす而して地上權者か中途其建物の修繕又は變更を加へたるときは其期間は修繕又は變更後の建物の朽廢に至るまて繼續するものなるやと云ふに決して然らす原建物の朽廢すへかりし時に於て消滅すへきものとす

（參照）
民法施行法第四十四條　民法施行前ニ設定シタル地上權ニシテ存續期間ノ定ナキモノニ付キ當事者カ民法第二百六十八條第二項ノ請求ヲ爲シタルトキハ裁判所ハ設定ノ時ヨリ二十年以上民法施行ノ日ヨリ五十年以下ノ範圍内ニ於テ其存續期間ヲ定ム
地上權者カ民法施行前ヨリ有シタル建物又ハ竹木アルトキハ地上權ハ其建物ノ朽廢又ハ其竹木ノ伐採期ニ至ルマテ存續ス
地上權者カ前項ノ建物ニ修繕又ハ變更ヲ加ヘタルトキハ地上權ハ原建物ノ朽廢スヘカリシ時ニ於テ消滅ス

第六章　外國人の地上權

外國人又は外國法人の爲め設定したる地上權も日本人に設定したる地上權と同しき取扱ひを受くるものとす尤も彼我の條約又は命令に別段の定めある場合は此限りにあらさるなり

（參照）

民法施行法第四十五條　外國人又ハ外國法人ノ爲メニ設定シタル地上權ニハ條約又ハ命令ニ別段ノ定ナキ場合ニ限リ民法ノ規定ヲ適用ス

第七章　法律第七十二號

最後に當り注意すへきは明治三十三年四月十五日より施行せられたる法律第七十二號なりこれ地上權の推定及ひ登記に關する法律なり

いゝいゝ地上權者たるの推定ゝ　從來他人の土地に於て工作物又は竹木を所有する者は地上權者と云ふを得るや否に付議論一定せさりし何となれは使用貸借も賃貸借も均しく他人の土地に於て工作物又は竹木を所有し得へきものなれはなり

此問題に付ては民法施行以後大に議論ありて判決例も區々として一定せさりき即ち民法施行以前より相當の借賃を支拂ひ他人の土地に工作物を建設し又は竹木を栽植する者は地上權者なりと爲したるあり又之に反し賃借權なりと爲したるあり判例の歸一せさる已に斯の如し之れを地上權とすれは土地の所有者に種々の不利益を與へ其負擔を重からしむるか故に土地の所有者は單に賃借を約したるものと主張し其結果借地人は非常の不利益の地位に立ち少許の地代を滯りたるか爲め往々地主より土地の明渡を要求せられ住馴れし家屋を取毀つの不幸を見るに至れり是借地人に取て酷なることなるを以て國家は第七十二號の法律を頒布し以て地上權たるの推定を設け借地人を保護したり故に此法律施行後は土地の所有者か借地人に賃貸借を以て對抗せんとするときは自ら賃貸借契約若くは賃貸借關係を認むるに足る事情を證明せさるへからす然らされは借地人は當然地上權者たるの權利を主張することを得へきなり然れとも本法の適用を受くるものは本法施行の日即ち明治三十三年四月十五日以前の借地關係のみに限る同日以後に於けるものは從前の判例の如く單に賃借人と推定せらるゝことあるへし故に借地人か地上權者なりと主張せん

と欲せは自ら進んて其事實を主張證明することを要す

登記の時期及ひ效力　以上述へたるか如く工作物又は竹木を所有する爲め他人の土地を使用するものは之を地上權者と推定すと雖も登記なくしては第三者に對抗することを許すへからす是一般の規定として登記なけれは其物權を第三者に對抗することを得さるものなれは本法の地上權にも亦之を適用したるものなり然れとも直ちに之を實施して登記せさる以前は總て第三者に對抗するを得すとせは其登記するの暇なき爲め第三者に權利を奪はるるなきを保せす依て本法は地上權登記の期間を一箇年間猶豫し其一箇年内に登記を爲せは第三者に對しても地上權を主張することを許し一箇年を徒過したる者は自ら權利の上に眠れる者なれは之を救濟せすと定めたり故に從來の借地人は明治三十四年四月十四日までに地上權の登記を爲して他人の爲めに權利を奪はるゝことなきを要す若し地主に於て異議を主張し登記申請に調印せすんは假登記を爲し而して後地上權登記請求の訴を提起すへきなり、法律七十二號發布前は借地人の權利を賃借權と推定し地上權と看做ささる解釋判例多かりしか故に借地人か何等の登記即ち假登記をも爲さゝりし場合に於ては第三者は之を賃借權と信し土地所有者と約し高價を以て土地を買入れ又は相當の代價を與へて地上權其他の物權の設定を受けたるものなきを保せす然るに今本法の施行に依り本法施行前の借地人の權利を總て地上權なりと推定せらるゝに至れは此第三者大に不利益を受くへし法律は斯の如く既往に遡りて第三者の權利を害することは勤めて之を避けさるへからす是本法第二條に本法施行前に善意にて取得したる第三者の權利を害することなしと定めたる所以なり例へは明治三十三年四月十五日以前に於て他人に地上權設定せられあることを知らすして土地の所有權地上權等を取得したる者は本法の施行に依り其權利を害せらるることなく依然其權利を保有し得るか如し

（參照）

法律第七十二號

第一條　本法施行前他人ノ土地ニ於テ工作物又ハ竹木ヲ所有スル爲メ其土地ヲ使用スル者ハ地上權者ト推定ス

第二條　第一條ノ地上權者ハ本法施行ノ日ヨリ一个年内ニ登記ヲ爲スニ非サレハ之ヲ以テ第三者ニ對抗スルコトヲ得ス

前項ノ規定ハ本法施行前ニ善意ニテ取得シタル第三者ノ權利ヲ害スルコトナシ

第三篇　永小作權

第一章　永小作權の性質

永小作權の意義　永小作權とは小作料を拂ひて他人の土地に耕作又は牧畜を爲す權利なり永小作は我國古昔より存せしものにして歐米よりの輸入制度に非す法制に之を認めたるは實に大寶令に存せり而して此制度の起源は外國に於けると同し趣にて始めは國有に係る土地を農民に貸付し農民は地代を支拂ひて以て之を使用するの權利を取得し其後に至り一私人間に於ても此權利を設定するに至れるなり

羅馬に於ける永小作權　羅馬法に於ける永小作は無期若くは長久の期間にて土地を借り受け借主は每年借料を支拂ふこと我國に行はれたるものと相均し羅馬法に於ける永小作權なるものは其區域甚た廣く殆んと所有權に類せり然

れとも永小作權者は所有地に對して借地料支拂の義務を負擔せり且其權利を他人に賣渡さむと欲するときは豫め其由を所有者に通知せさるへからす何故に之を通知するやと云ふに所有者は他の第三者に先ちて之を自己に賣渡さしむるの權利所謂先買權なるものを法律上有すれはなり而して所有者に於て之を買はさるときに於て始めて小作權は之を他人に賣渡すことを得へきなり而して此場合に於ては所有者は賣價の百分の二を受取るの權あるものとし通常は買主より之を支拂ふこととなれり永小作權者は若し三年間其借料を支拂はさるときは所有主は其權利を沒收することを得是れ羅馬法に於ける永小作權の大様なり

小作の沿革　羅馬に於ける永小作權は如何なる沿革を有するかと云ふに昔羅馬政府の盛時に方ては諸國を征服して其奪取したる土地を永年人民に貸付け以て借料を徵收することを勤めたり其後市府及ひ寺院も其政府の爲す所に倣ひ同しく所有の土地を貸して以て借料を徵せり其慣習延て一般人民に及ひ爾來永小作なるもの丶制を見るに至りしなり之を羅馬に於ける永小作權の沿革と爲す

我國封建時代に於ける永小作　我國封建制度の下に於て行はれたる永小作なるものは今日の法律上の意味に於ける所謂永小作にはあらさるなり當時の士民は一人として眞正の所有權を有する者なく土地所有の權は擧けて國君に歸し居りたるの故に當時は農民に於て自由に土地の賣買を爲すことを禁せられ當時の所謂「跡繼き」と稱するものも今日の所謂所有權の相續に非すして國有土地の永借權の承繼に外ならさりしなり故に現時の永小作權なるものを自己の土地に設定するものに非すして今日の所謂永小作權とは大に其趣を異にするものとす而して我國の始めて國民に所有權を認めたるは維新後地劵發布のときに在り此地劵發布は實に所有權を認めたるの證左なりとす尋て明治五年二月十五日太政官布告第五十號を以て地所永代賣買の禁制を解くに至り愈〻所有權の臣民に屬せしめたるの實を擧けたるなり

（參照）

第二百七十條　永小作人ハ小作料ヲ拂ヒテ他人ノ土地ニ耕作又ハ牧畜ヲ爲ス權利ヲ有ス

地方問答書に云ふ「永小作と申は自分の持田畑を居村にても外村にても他の

百姓に小作致させ二十ケ年立候得は永小作と申て地主の方へ取返し候て外の者へ小作爲仕候義不相成定法にて候是を永小作と申候然れとも小作人は地主方へ小作の作德米金子相濟及難澁候得は取戻候も右候へは不爲取戻候大法にて候勿論永小作は小作人の方にて質地等又は別人に小作爲仕候儀一切不爲仕候制禁にて依之當時は小作證文年季短極候て度々證文爲仕直又は外小作人儀申付候事にて候」

地方要集錄に曰く「當時は小作に入候も凡五年七年まて小作證文いたし皆年季を短致候小作之儀を預け作又入作落地とも申候」

田園類說に曰く「直小作とは田地を質に入れて其質主等に於て其地を作るを云ふ」

同書に曰く「別小作とは今通例の小作にて年季を限り作ることとなり」

蓋し古は小作に永小作、直小作、別小作の三種ありたるものの如し

大審院判決例　田村定藏外一名對白勢長衞事件明治二十年二月二十六日言渡ありたる判決の要旨に曰く「小作契約ハ其土地ニ附隨ス小作人ハ其地買得者ニ向ヒ原小作契約ノ履行ヲ求ムルコトヲ得」

大審院判決例　松本保信對瀧田健一郞外一名ノ事件明治二十二年十月十日言渡ありたる判決要旨に曰く「不正ニ成立セサル永小作ノ契約ハ對手以外ニ效力アリトスルヲ以テ吾國裁判上ノ慣例ナリトス」

永小作權と土地賃貸借との區別　永小作と地上權とは其目的の異なるに因りて自から區別あることは已に述へたるか如しと雖も永小作權と賃借權との差異に至りては往々判然せさることあるへし蓋し賃貸借は其目的極めて廣汎にして如何なる目的を以て如何なる物を賃貸するも皆賃貸借なるか故に此點に於て永小作と大に其趣を異にすることは固より論なし然りと雖も耕作又は牧畜を目的と爲す土地の賃貸借と永小作との間には果して如何なる差異あるか理論上に於ては之を區別すること極めて容易なりと雖も實際に於ては往々之を別ち難きことあるへし今法律上より觀察するときは永小作權と賃借權とは左の點に於て差異ありとす

一賃借權は債權なるか故に貸主に對して之を主張することを得るのみ之に反して永小作權は物權なるか故に何人に對しても之を主張することを得

二永小作權は土地のみを目的と爲すと雖も之に反して賃借權は總ての動產及

ひ不動產に付き之を設定することを得

三永小作權の存續期間は二十年以上五十年以下なるも之に反して賃借權の存續期間は二十年以下に限る

四永小作權は遺言に由りて之を設定することを得へしと雖も之に反して賃借權は必す契約を以て設定すへきものとす

以上は兩者の性質上の差異なり右の標準に依り實際上兩者の區別に困難を生することは普通契約の解釋に於けるか如し當事者の意思如何に因り之を決すへきものとす

第二章　永小作權の取得

永小作權も物權の一種なるか故に其取得方法も亦一般の物權取得の場合と異ならす其方法は地上權の取得の章に於て說明したるを以て特に玆に贅せす

第三章　永小作權の効果

第一節　小作料

小作料とは小作權者に於て土地使用の對價として地主に拂ふ金錢若くは物品なり

小作料の免除又は減額　小作人は設ひ不可抗力に因り收益上損害を被りたるときと雖も小作料の免除又は減額を請求することを得す其理由は曾て地上權の章下に於て述へたると同一なれは茲に論せす

小作料の支拂時期　小作料支拂の時期に付ては當事者の合意にて定めたる場合は夫れに從ひ若し定めなかりし場合は第六百十四條に從ひ收穫季節あるものは其季節後遲滯なく之を支拂ふへきものとす(第六百十四條は前に在り)

小作料支拂に付ての慣習　小作料支拂に付き右述へ來りたる所と異なりたる慣習あるときは其慣習に從ふへきものとす

小作料遲滯の制裁　永小作權者か小作料の支拂を怠りたるときは土地所有者は收穫物より之を先取する特權を有す

(參照)

第二百七十三條　永小作人ノ義務ニ付テハ本章ノ規定及ヒ設定行爲ヲ以テ定メタルモノノ外賃貸借ニ關スル規定ヲ準用ス

第二百七十四條　永小作人ハ不可抗力ニ因リ収益ニ付キ損失ヲ受ケタルトキト雖モ小作料ノ免除又ハ減額ヲ請求スルコトヲ得ス

第二百七十九條　第二百六十九條ノ規定ハ永小作權ニ之ヲ準用ス(第二百六十九條ハ前ニ在リ)

此に法律問題にあらされとも參考の爲め小作料に關する經濟上の事項を述へんとす

小作料の標準　小作料の高を定むる標準如何夫れ正當の小作料の高は其土地に賦課せらるゝ租税と其土地の爲めに投したる資本金に對する地方普通の利子とを合算したるものを以て之か標準と爲さゝるへからす蓋し第一に租税を標準とする所以は土地に賦課せらるゝ諸税を土地より生する天然果實を以て支拂ふを普通の條理とすれはなり第二之に投入せる資本を標準とする所以は其資本にして若し他に融通するときは一定の利子を生することは當然のことなれは土地として有するも是と異なるへき理なけれはなり尤も土地より生する利息は金錢の元本より生する利息より幾分か低廉なるを常とす何となれは金子にて他人に貸し置くときは借主の行爲により往々元本まても減少する處あ

りと雖も土地なるときは此の危險なけれはなり

小作料の組成　小作料は一部は貨幣一部は農產物を以て支拂ふを可とす永小作は貸附期限、重に永久なるを常とす是故に其間農產物の代價甚しく高低し當事者の契約當時の見積に大なる相違を生し結約者の一方に損耗を生せしむることあるを免れす今此危險を避け相方常に均一の利益を得んとせは貨幣と農產物とを以て組織したる小作料を支拂ふを可とするに若かす

收穫物の小作料　收穫物の幾部を小作料と爲すは宜しきを得たるものに非す歐洲に於ては折半農業と稱し地主は土地の外農業用の或物を供し農夫は之に勞力を供し以て其收穫を兩者の間に分配するの慣習あり之と均しく我國に於ても此の如き慣習往々ありしと雖も畢竟する所未た以て得策と稱すること能はす蓋し此場合に於て小作人は何程盡力すと雖も其收穫に至りては結局半額を得るに過きさるを以て之を等閑に附し去るは人情の常なれはなり且又其分配に付きても往々紛紜を生することなしとせされはなり

我國の小作米　「全國民事慣例類聚」によれは日本に於て從來行はれたる小作料は多くは小作米と稱し米穀を以て支拂ひたるか如し

佛國ソルーニスの小作料　此地に於ては米穀の收穫三分の一家畜に付ては其繁殖したるもの及ひ羊毛の半數牛乳家禽及ひ小量のバダ鷄卵等を地主に與へ牧草と稈とは小作人の所得なれとも之を他に販賣するを得さる例なりと云ふ、羅馬領のカンパニアの小作料　此地に於ては地主は小麥は四分の一、玉蜀黍蠶豆は三分の一を收むるを常とすと云ふ

第二節　永小作權の期間

法律上の制限　永小作權の期間は法律上之を二十年以上五十年以下とす此期間は當事者の合意を以て其範圍を變更することを得す換言すれは二十年以上五十年以下に於ては自由に定むることを得ると雖も二十年以下五十年以上には伸縮することを得さるなり故に二十年以下の期間を以て永小作權を設定したるときは土地の賃貸借と爲すは格別永小作權としては無效なり又之に反し五十年以上に定めたるときは全然無效となるに非す唯五十年に短縮せらるへきものとす而して其五十年に短縮するとは裁判上の命令に由るに非す法律上當然五十年の永小作權を設定したるものと看做さるゝの謂なり

小作期間の更新　小作權は決して五十年以上に存續せしむることを得さるは

以上の如しと雖も當事者は往々之より長く存續することを希望することなしとせす此場合に於ける手續は其期間を更新するに在り即ち前期間の未た消滅せさる間に更に永小作權契約を取結ふに在り然れとも此場合に於ても其期間は後の永小作權設定契約取結ひの時より五十年を超ゑさることを要す

期間を定めさりし永小作權　當事者か期間に付て何等約束もせさるときは慣習あれは其慣習に準し又何等慣習なけれは法律上三十年の永小作權と看做さるゝものとす

(參照)

第二百七十八條　永小作權ノ存續期間ハ二十年以上五十年以下トス若シ五十年ヨリ長キ期間ヲ以テ永小作權ヲ設定シタルトキハ其期間ハ之ヲ五十年ニ短縮ス

永小作權ノ設定ハ之ヲ更新スルコトヲ得但其期間ハ更新ノ時ヨリ五十年ヲ超ユルコトヲ得ス

設定行爲ヲ以テ永小作權ノ存續期間ヲ定メサリシトキハ其期間ハ別段ノ慣習アル場合ヲ除ク外之ヲ三十年トス

大審院判決例　木全智賢對安藤太藏件明治二十年十一月二十四日言渡ノ判決要旨ニ曰ク「期限ヲ定メス二十年來存續シタル小作ハ永小作ナリトスルハ維新前ノ習慣法ナリ」

尙ほ參考として一二附記すへきことあり

小作期間は永きに失すへからす、　何故に永小作權は之を二十年以上五十年以下に定めさるへからさるやとの立法の旨意を窺ふに一は近來我國に於ける永小作は多くは此範圍に於けるもの多きと他は餘り永き期間を附するは所有權の實を空ふせしめ加之土地の價格は概して人生の發達人口の増加と共に漸次増價するにも拘はらす數百年前に定めたる永小作をして依然存續せしむるか如きは實に土地所有者に不當の不利を被らしむるものなりとしたるか故なり如此理由を以て我民法は舊來間々無期無限の小作所謂永代小作と稱する慣例ありたるにも拘はらす之を打破して此の制限を附したるものなり故に假令二十年以上五十年以下の範圍內に於て定むる場合と雖も尙ほ此理由を推移して以て餘り永きに失すへからさるなり

小作期間は短きに失すへからす。　前項と反對に亦餘り短きに失すへからす其

謂如何となれは小作期間短きときは借地人は充分に改良の念を起さす双方の爲め不利益なれはなり小作人に土地改良の念を起さしむるには先つ其土地に關し深く利害の關係を有せしめさるへからす而して其關係は實に小作期間の永きに因りて發生す

第三章　永小作權者の權利

永小作權者の權利は其種類多しと雖も今其重なるものを擧くれは左の如し

第一耕作又は牧畜の權　永小作人は他人の土地に於て耕作又は牧畜を爲すの權利を有す耕作とは植物を栽培する目的を以て土地に人工を加ふるを云ふ例へは田畑に米穀、茶、桑等を作り又樹木を栽植して之を成長せしむるか如きを云ふ然れとも山林に樹木を栽植するは之を耕作と云ふを得さるか如し何となれは我國山林の用方未た開けさるに方りては山林の所有者は單に天然の生木を伐採して之を自己の用に供し又は之を賣却するに止まりしに因れるか故に山林の貸借は地上權を生することありと雖も永小作權の如く人工を加ふへきものは生せさるへきを以てなり牧畜とは獸類の飼養を云ふ小作人は耕作又は牧畜をのみ爲すものなれは其以外に土地を使用することを得す然れとも之に附隨して必要なる手段所爲は之を爲すことを得へし例へは耕作に必要なる場合に其使用地に在る柏木を伐採するか如き又は使用地か濕地なるときは之に沼澤を設けて充分に排水するの設置を爲すか如き是なり

又小作契約に於て耕作又は牧畜を爲すの約束を爲したるときは小作人は二者其一を撰むて其土地を使用するを得へしと雖も之に反し耕作又は牧畜其一方を爲すか爲めに約束したるに過きさるときは之に代ゆるに他の一方を以てすること能はす若し如此必要生したるときは更に契約を改むへし

第二　永小作權を讓渡し又は賃貸するの權　我國從來行はれたる慣例に依れは永小作權の轉貸は之を許したるも讓渡は之を許ささりしか如し是れ道理に合したるものに非す何となれは小作權者は其土地に多少の變更を加ふることを得るのみならす其期間も二十年以上の長期に亙り貸主は全く其土地を永小作人に放任し永小作人は殆と自己の所有地の如く之を利用することを得るを以て若し特別の事情に因り永小作人自ら其權利を行ひ難きときは之

を他人に讓渡すことを許さゝるへからす又苟も永小作權を以て獨立なる一の物權と爲したる以上は之か讓渡を爲すも地主の權利を害するか如きことなけれはなり

小作人か永小作權を讓渡し及ひ轉貸を爲すに付ては自己に屬せさる權利を他人に與ふる能はさるは勿論なり故に轉貸の場合に於ても自己か特に耕作の爲めに永小作權を設定したる場合に於ては之を牧畜の爲めに土地を轉貸することを得す其他轉貸の期間か永小作權の存續期間を超ゆることを得さるか如きは固より當然にして言ふを俟たさる所なり

第三　小作權を擔保に供するの權　永小作權は之を質又は抵當に供することを得之を抵當に供するには敢て占有を抵當權者に移さすと雖も不動產質とする場合には占有は勿論其土地の使用收益等擧けて債權者に移さゝるへからす

第四　所有權買取の權　民法施行前に永久存續すへきものとして設定したる永小作權は民法施行の日より五十年を經過したる後一年內に所有者に於て相當の償金を拂ひて其消滅を請求することを得若し所有者か其權利を拋棄し

又は一年内に此權利を行使せさるときは爾後一年内に於て永小作人に於て相當の代價を拂ひて所有權を買取ることを得

(參照)

第二百七十二條　永小作人ハ其權利ヲ他人ニ讓渡シ又ハ其權利ノ存續期間內ニ於テ耕作若クハ牧畜ノ爲メ土地ヲ賃貸スルコトヲ得但設定行爲ヲ以テ之ヲ禁シタルトキハ此限ニ在ラス

第三百六十九條　抵當權者ハ債務者又ハ第三者カ占有ヲ移サスシテ債務ノ擔保ニ供シタル不動產ニ付キ他ノ債權者ニ先チテ自己ノ債權ノ辨濟ヲ受クル權利ヲ有ス

地上權及ヒ永小作權モ亦之ヲ抵當權ノ目的ト爲スコトヲ得此場合ニ於テハ本章ノ規定ヲ準用ス

第三百四十二條　質權者ハ其債權ノ擔保トシテ債務者又ハ第三者ヨリ受取リタル者ヲ占有シ且其物ニ付キ他ノ債權者ニ先チテ自己ノ債權ノ辨濟ヲ受クル權利ヲ有ス

第三百六十二條　質權ハ財產權ヲ以テ其目的ト爲スコトヲ得

前項ノ質權ニハ本節ノ規定ノ外前三節ノ規定ヲ準用ス

法律第七十一號

民法施行法中左ノ通改正ス

第四十七條第二項ノ次ニ左ノ一項ヲ加フ

民法施行前ニ永久存續スヘキモノトシテ設定シタル永小作權ハ民法施行ノ日ヨリ五十年ヲ經過シタル後一年内ニ所有者ニ於テ相當ノ償金ヲ拂ヒテ其消滅ヲ請求スルコトヲ得若シ所有者カ此權利ヲ拋棄シ又ハ一年内ニ此權利ヲ行使セサルトキハ爾後一年内ニ永小作人ニ於テ相當ノ代價ヲ拂ヒテ所有權ヲ買取ルコトヲ要ス

第四節　永小作者の義務

第一　土地を變更せさるの義務　永小作權者は土地に永久の損害を生すへき變更を加ふることを得す永小作權は前述するか如く耕作又は牧畜を爲すの目的を以て土地を使用するものなるか故に小作權者は其目的の範圍内に於て土地の使用を爲さゝるへからす而して土地に永久の損害を加ふるか如き行

爲は土地を處分するこ同一轍に歸するか故に永小作權者の權利に屬せさるや論を俟たす然れとも永小作權の存する間は永小作人は土地に付き充分の改良を施すことを得されは此權利の目的を達することは能はさる場合尠からさるへし例へは荒蕪地を開墾して田畑と爲すか如きは所有者の爲めに利のみありて毫も害あることなし又田を變して畑と爲すも所有者の爲め利益と爲ること稀なりとせす是等の場合に於ては土地の變更に依り雙方を利するか故に之を小作人に禁するの理なし只小作人は其土地を他日地主に返還するときに方り原狀に復し得へきものならさるへからす要するに永久の損害を生すへき變更とは返還の時季に於て原狀に復し難き不利なる變更を加ふなかれと云ふに在り

第二　小作料支拂の義務　永小作人は年々又は收穫季節毎に小作料を支拂ふの義務を有す而して此義務に關する事項に付ては已に述へたるを以て茲に贅せす

右の外永小作人の義務に付ては賃借人の義務に關する規定を準用することゝなり居るか故に賃借人の義務を參照せらるへきなり例へは土地か毀損したる

とき又は其土地に付き他に權利を主張する者あるときは之を賃貸人に通知することを要するの義務を負ふか如し

（參照）

第二百七十一條　永小作人ハ土地ニ永久ノ損害ヲ生スヘキ變更ヲ加フルコトヲ得ス

第二百七十三條　永小作人ノ義務ニ付テハ本章ノ規定及ヒ設定行爲ヲ以テ定メタルモノノ外賃貸借ニ關スル規定ヲ準用ス

第四章　永小作權の消滅

第一節　小作權消滅の原因

永小作權の消滅は混同、土地の消滅時效及ひ期限の到來等に因り消滅するは固より言を俟たす而して此等の點に付ては一般の權利及ひ地上權の下に於て說明したる所と大差なけれは玆には唯永小作權消滅に關する特別の規定を說明せんとす

第一　拋棄　小作人は如何なる凶作に逢ふと雖も小作料の減免を請求することと

を得さるなり然りと雖も是れ小作人の爲めには往々酷に失することとなしさせす蓋し小作料は其年の收獲を以て之を支拂ふを常とすること固より言を俟たす然るに一年二年の間は凶年にて些かの收獲を得さるも平生貯蓄する所の收益を以て小作料を拂ふことを得へしと雖も其上尚ほ三四年も打ち續くときは小作人は之を支拂ふに苦むこと甚たしかるへし之に尙ほ其契約を守り約定の小作料を拂ふの義務ありとせは是れ誠に無理なることヽ謂はさるを得す故に若し引續き三年以上全く收益を得す又は五年以上小作料より少き收益を得たるときは其權利を拋棄することを得へきものとす其權利を拋棄するときは之と同時に小作料を拂ふの義務も亦從て免るヽものとす

第二小作權消滅の請求　此場合は前第一の場合に反して土地所有者より小作權の消滅を請求するものなり土地所有者か此請求權を有する場合に二あり

(イ)永小作人の引續き二年以上小作料の支拂を怠りたるとき

(ロ)永小作人か破產の宣告を受けたるとき　蓋し破產宣告は已に其人の信用地に墜ちたるを證するものなり元來永小作權は小作人を信用して設定せられたるものなれは此場合には地主に於て其永小作權の消滅を請求し得

へきは勿論なり

(参照)

第二百七十四條　永小作人カ不可抗力ニ因リ收益ニ付キ損失ヲ受ケタル時ト雖モ小作料ノ免除又ハ減額ヲ請求スルコトヲ得ス

第二百七十五條　永小作人カ不可抗力ニ因リ引續三年以上全ク收益ヲ得ス又ハ五年以上小作料ヨリ少キ收益ヲ得タルトキハ其權利ヲ拋棄スルコトヲ得

第二百七十六條　永小作人カ引續キ二年以上小作料ノ支拂ヲ怠リ又ハ破産宣告ヲ受ケタルトキハ地主ハ永小作權ノ消滅ヲ請求スルコトヲ得

第二百七十七條　前六條ノ規定ニ異ナリタル慣習アルトキハ其慣習ニ從フ

第三節　永小作權消滅の效果

永小作權消滅するときは當事者間に於て左の效果を生す

一永小作人は小作地に附着したる物を收去することを得

二永小作人は其使用したる土地を原狀に回復して返還せさるへからす

三地主か其土地に定着したるものを買ひ取らむことを申出たるときは正當の

理由あるに非されは之を拒むことを得す尤も地主は相當の代價を拂はさるへからす

第五章　民法施行以前の永小作權

民法施行前に設定したる永小作權は民法施行後に於ても依然其效力を有すへきや當然なり然れとも民法施行後に於ては其民法の支配を受けさるへからさるか故に玆に新舊二法の調和に關する民法施行法に就て説明せん

永小作權消滅の請求及ひ拋棄　民法第二百七十五條には永小作人か不可抗力に因り引續き三年以上全く收益を得す又は五年以上小作料より少き收益を得たるときは其權利を拋棄することを得又同法第二百七十六條に依り引續き二年以上小作料の支拂を怠り又は破産の宣告を受けたるときは永小作權の消滅を請求し得るは固より疑なしと雖も其事情か民法施行前より生したるときは其期間は何れの時より起算すへきや即ち民法施行の日より起算するか將た事實の發生の時より起算するか民法施行法は此場合を事實の始めより起算すへきものと規定したり

（參照）

民法執行法第四十六條　民法第二百七十五條及ヒ第二百七十六條ノ期間ハ民法施行前ヨリ同條ニ定メタル事實カ始マリタルトキト雖モ其始ヨリ之ヲ起算ス

小作期間　民法によれは小作期間は五十年より永きを許さす民法施行以前に之より長き期間を以て小作權を設定したるときは設定の時より起算して五十年に短縮するには非すして民法施行の當日より起算して五十年を超ゆるときは之を五十年に短縮せらるゝものとす例へは百年の期間を附したる永小作權か民法施行の當時までに已に四十年を經たるときは尙ほ六十年の期間を殘すと雖も民法施行の日より起算して五十年に短縮せらるるか如し民法執行前に期間を定めすして設定したる永小作權の存續期間は慣習により短き場合を除く外民法施行の日より五十年とするものとす

（參照）

民法施行法第四十七條　民法施行前ニ設定シタル永小作權ハ其存續期間カ五十年ヨリ長キトキト雖モ其效力ヲ存ス但其期間カ民法施行ノ日ヨリ起

算シテ五十年ヲ超ユルトキハ其日ヨリ起算シテ之ヲ五十年ニ短縮ス
民法執行前ニ期間ヲ定メスシテ設定シタル永小作權ノ存續期間ハ慣習ニ依リ五十年ヨリ短キ場合ヲ除ク外民法施行ノ日ヨリ五十年トス

第六章 法律第七十一號

民法施行法第四十七條は民法施行前に設定したる永小作權に付き規定したり其第一項に依れは「民法施行の日より起算して五十年を超ゆる永小作權は其日より起算して五十年に短縮せらるゝものとす」故に民法施行前に永久存續すへきものとして設定したる永小作權の如きは民法施行の日より五十年を經過するときは當然消滅すへきなり然るに高知縣の如きは一種特別の永代小作權ありて民法施行後五十年にして消滅せしむるは大に當事者の意に反することゝ爲る而も當事者の意に因り永久存續するものとするときは土地の融通を妨け公益に害ありて民法の永小作權に期限を附したる精神に背戻すること甚しとす依て本年の議會は民法施行法第四十七條第二項の次きに左の一項を加ふることを議決し遂に裁可を得て明治三十三年三月二十六日附を以て法律第七十

一號として公布せられたり

法律第七十一號

民法施行前ニ永久存續スヘキモノトシテ設定シタル永小作權ハ民法施行ノ日ヨリ五十年ヲ經過シタル後一年内ニ所有者ニ於テ相當ノ償金ヲ拂ヒテ其消滅ヲ請求スルコトヲ得若シ所有者カ此權利ヲ拋棄シ又ハ一年内ニ此權利ヲ行使セサルトキハ爾後一年内ハ永小作人ニ於テ相當ノ代價ヲ拂ヒテ所有權ヲ買取ルコトヲ要ス

上記法律に付聊か解釋を試ん

第一此法律の適用を受くへき永小作權は永久存續すへきものとして民法施行前に設定したることを要す　故に期間の定めなき永小作權は民法施行法第四十七條第二項の適用を受けて五十年にして消滅すへく民法施行の日より起算して五十年を超ゆるも所謂永代のものに非されは第一項の適用を受け五十年にして消滅す民法施行後に於て永代を約せる場合には民法第二百七十八條に依り之を五十年に短縮せらるゝものとす

第二土地所有者の權利　民法施行の日より五十年を經過したる後土地所有者

は相當の償金を永小作人に支拂ひて永小作權の消滅を請求することを得但此權利を行使するには上記期間經過後一年内に於て爲さゝるへからす然らされは所有者は永小作人より所有權の買取を要求せらるゝも之を拒むことを得す而して償金は相當なるを要するか故に當事者間に熟議協はさるときは裁判所に請求して之を決せさるへからす裁判所は上記の代價小作料の額小作人の收益等を調査し必要なる場合には鑑定人をして鑑定せしめて決す

第三　小作人の權利　民法施行の日より五十年を經過せさる間は永小作人は自由に收益することを得るは勿論なり五十年經過したる後一年内に所有者か永小作權消滅請求の權を抛棄し若くは一年内に此權を行使せさるときは永小作人は爾來一年内に相當の代價を拂ひて土地の所有權を買取ることを要す此買取は法文頗る曖昧なるも「要す」なる文字を用ゆる點より推せは永小作人の權利にして同時に義務なるか如し故に永小作人は之を抛棄することを得す若し此義務を盡さゝるときは所有者は土地を永小作人に委付して相當代價及損害賠償を請求することを得へし

第四篇　使用貸借

第一章　使用貸借の性質

使用貸借の定義　使用貸借とは當事者の一方か無償にて相手方より或物を受取使用及收益を爲したる後返還を爲すことを約する契約を云ふ佛蘭西の法律に依れは借主に收益の權利なしと雖も我法律は借主に收益の權利をも與へたり」

使用貸借の分解

(イ)使用貸借は無償契約なり　何處の國の法律に於ても使用貸借は總て無償とせり茲に所謂無償とは借賃なきの謂なり何故に使用貸借は無償ならさるへからさる乎是れ別に深き理由あるに非す羅馬法以來使用貸借なる語は賃貸借に對して使用せられ賃貸借は常に有償なるに反して使用貸借は常に無償なりし沿革に原因するのみなり

(ロ)相手方より或物を受取ることを要す　凡そ契約の成立には物を要すへき者と然らさる者との二種あり前者を要物契約と云ひ後者を諾成契約と云ふ而し

て使用貸借は則ち要物契約に屬す何故に使用貸借は要物契約と爲したるか曰く元來使用貸借の主たる目的は借主をして目的物を使用せしむるに在り而して何人と雖も目的物を受領せさる前に之を使用すること能はさると又使用貸借より生する借主の義務は先つ其借受たる物を行使したる後之を返還するに在るものなれは其目的物を受取たる後に在らされは此等の義務は生すへきに非されはなり是れ使用貸借を以て要物契約と爲したる所以なり

使用貸借は要物契約なるか故に實際目的物の引渡あるに非されは其契約は完全に成立したるものと云ふを得す故に土地及ひ家屋の使用貸借に於ても其土地及ひ家屋を實際借主に引渡したる後に非されは使用貸借ありとなすこと能はす是れ賃貸借と使用貸借と大に異なる所なり賃貸借に在りては後に述ふるか如く目的物の引渡なしと雖も單に當事者の契約を爲したる當時より已に貸借の法律關係を發生するものなり

されは當事者か物の引渡を爲さすして使用貸借を締結したるときは果して其契約は引渡なきか故に無效なりと謂はさるへからさるか曰く強ちに然りと答ふること能はさるなり勿論物の引渡なきか故に使用貸借其者としては

無効なりと然れとも他日使用貸借を結はんとする豫約なりと云ふを妨けす他日當事者の一方か其使用貸借を有效ならしむる爲め物の引渡を爲すときは茲に始めて眞正なる使用貸借を成立せしむることを得へけれはなり

（ハ）使用貸借は借主一方のみに義務を生す　凡そ契約の效力として雙方の義務を生せしむるものと一方にのみ義務を生せしむるものとあり前者を雙務契約と云ひ後者を片務契約と云ふ使用貸借は片務契約に屬し借主にのみ義務を負擔せしむるものなり則ち使用貸借に於ける貸主は何等の義務を負擔することなく借主は使用及ひ收益を爲したる後之を返還するの義務を負擔するものとす

いいい使用貸借の名稱　使用貸借と稱すと雖も敢て使用のみを目的と爲すに非す併せて收益を目的と爲す古は動産のみを以て此契約の目的と爲したるか故に土地の如き收獲あるもの稀なりしか今日は不動産も亦此目的と爲し得ることを認むるか故に使用貸借の名稱は當らさるか如し然れとも久しき間の慣用に依り此名あるものとす

茲に一言すへきは使用貸借は所有權の移轉と何等の關係なきことと是なり他人

の物と雖も尚は之を使用貸借の目的と爲すことを得へきなり

（參照）

第五百九十三條　使用貸借ハ當事者ノ一方カ無償ニテ使用及ヒ收益ヲ爲シタル後返還ヲ爲スコトヲ約シテ相手方ヨリ或物ヲ受取ルニ因リテ其效力ヲ生ス

第五百五十六條　賣買ノ一方ノ豫約ハ相手方カ賣買ヲ完結スル意思ヲ表示シタル時ヨリ賣買ノ效力ヲ生ス前項ノ意思表示ニ付キ期間ヲ定メサリシトキハ豫約者ハ相當ノ期間ヲ定メ其期間內ニ賣買ヲ完結スルカ否ヤヲ確答スヘキ旨ヲ相手方ニ催告スルコトヲ得若シ相手方カ其期間內ニ確答ヲ爲サヽルトキハ豫約ハ其效力ヲ失フ

第五百五十九條　本節ノ規定ハ賣買以外ノ有償契約ニ之ヲ準用ス但其契約ノ性質カ之ヲ許サヽルトキハ此限ニ在ラス

第二章　使用貸借の效力

第一節　借主の權利

第一使用收益の權　使用貸借の當事者は若し契約を以て目的物の用方を定めたるときは借主は其用方に從て其物を使用し且收益を爲すことを得るものなり若し又貸主借主の契約に於て之を定めさるときは其物固有の性質に因り定まりたる用法に從て之を使用し且收益せさるへからす例へは借受けたる物か邸宅なるときは之を住居に供するか如し若し借主か契約に依りて定まりたる用法又は目的物固有の用法以外に使用したるときは貸主は其契約を解除することを得へし

第二第三者をして使用收益せしむるの權　元來使用貸借は無償にして貸主は何等の報酬を受くるものに非す而して凡そ渾ての物は使用方法の粗暴なると叮嚀なるとにより磨滅又は毀損の程度に差別あるものなり從て貸主は何人にも同一に使用せしむるの意思を以て貸與したるものと看做すことを得す必すや借主の性行を信して之を貸與したるものと看做すへきなり故に借主は貸主の承諾を得るに非されは第三者をして借受物を使用せしめ若くは收益せしむることを得す

第三費用の返還を請求するの權　借主か借受物に費用を掛けたるときは其借

受物を返還するに當り貸主に對し費用の償還を請求することを得るを以て通則とす凡そ費用は之を別けて三種と爲す一、必要費、二、有益費、三、徒冗費是なり必要費は物の保存に必要なるものにして修繕費租税等是なり有益費とは物の保存には必要ならすと雖も其價を增すへきものにして例へは土地に建物其他の工作物を設け又は建物に裝飾を施すか如き是なり徒冗費とは物の保存に必要なく又物の價をも增加せすして單に快樂を增加するに過きさるものなり例へは庭樹の位置を變更し建物の模樣換を爲す等之なり而して使用貸借に於ては

(一) 必要費は借主自ら負擔すへし

必要費は又之を細別して通常臨時の二種と爲す通常の必要費とは例へは疊の表替を爲すか如し物の使用より普通生する些細の費用にして若し物より果實を生するときは其果實の內を以て之を支拂ふを常とするもの是なり臨時の必要費とは例へは天災地變等に因り土地の大修繕を要するに至り之か爲めに生したる費用にして其果實のみにては支辨し難きもの是なり今借主は此內如何なる費用は自ら負擔せさるへからさるやと云ふに

臨時の必要費は之を負擔するを要せすと雖も通常の必要費は之を負擔せさるへからす何となれは通常の必要費は其物の果實を以て支辨すへきものにして借主は其果實を利益し居るものなれはなり

(二)借主か出したる有益費は其價格の増加か現存する場合に限り返還を請求することを得

有益費は何故に貸主をして返還せしむるやと云ふに是畢竟貸主をして不當の利得を得さらしめむと欲したるに因るなり故に若し借主の出したる費用に因り目的物に生したる増價額か物の返還の時に存せさるときは貸主は毫も利益を受くることなきを以て費用の償還を爲すことを要せさるなり例へは借主か家屋の裝飾を施したる後其家屋火災に因り燒失したるときは裝飾も亦其痕迹を止めさるか故に其費用を貸主に請求するを得さるは固よりなり

夫れ如此有益費にして其增價額の現存する場合には貸主をして之を返還せしむることを得へしと雖も貸主は償還するに相當の期間を定められんことを請求したるときは其旨を許可し償還に關し相當の猶豫期間を定む

るものとす

第四目的物の瑕疵又は欠缺ありたるか爲めに被りたる損害を貸主に對して償求する權　使用貸借の貸主は元來無償にて他人に物を貸渡すものなれは賣買に於ける賣主の如く目的物の瑕疵又は欠缺に付き擔保の責任を有せさること猶ほ贈與に於ける贈與者と異なる所なし故に法律は贈與者に其贈與物の缺點より生する責任を負はしめさると均しく貸主にも亦同一の規定を以てせりさりなから若し貸主か曾て其目的物を貸渡すに當り其物に瑕疵あることを知りて借主に告けさるときは其責任を免るゝことを得さる者とす其謂如何となれは斯の如き行爲ある貸主は恰も借主を欺きたるに均しけれはなり

(參照)

第五百九十四條　借主ハ契約又ハ其目的物ノ性質ニ因リテ定マリタル用方ニ從ヒ其物ノ使用及ヒ收益ヲ爲スコトヲ要ス

借主ハ貸主ノ承諾アルニ非サレハ第三者ヲシテ借用物ノ使用又ハ收益ヲ爲サシムルコトヲ得ス

借主カ前二項ノ規定ニ反スル使用又ハ收益ヲ爲シタルトキハ貸主ハ契約

ノ解除ヲ爲スコトヲ得

第五百九十五條　借主ハ借用物ノ通常ノ必要費ヲ負擔ス
此他ノ費用ニ付テハ第五百八十三條第二項ノ規定ヲ準用ス

第五百八十三條　賣主ハ期間内ニ代金及ヒ契約ノ費用ヲ提供スルニ非サレハ買戻ヲ爲スコトヲ得ス
買主又ハ轉得者カ不動產ニ付キ費用ヲ出タシタルトキハ賣主ハ第百九十六條ノ規定ニ從ヒ之ヲ償還スルコトヲ要ス但有益費ニ付テハ裁判所ハ賣主ノ請求ニ因リ之ニ相當ノ期限ヲ許與スルコトヲ得

第百九十六條　占有者カ占有物ヲ返還スル場合ニ於テハ其物ノ保存ノ爲メニ費シタル金額其他ノ必要費ヲ回復者ヨリ償還セシムルコトヲ得但占有者カ果實ヲ取得シタル場合ニ於テハ通常ノ必要費ハ其負擔ニ歸ス
占有者カ占有物ノ改良ノ爲メニ費シタル金額其他ノ有益費ニ付テハ其價格ノ增加カ現在存スル場合ニ限リ回復者ノ選擇ニ從ヒ其費シタル金額又ハ增價格ヲ償還セシムルコトヲ得但惡意ノ占有者ニ對シテハ裁判所ハ回復者ノ請求ニ因リ之ニ相當ノ期限ヲ許與スルコトヲ得

第五百九十六條　第五百五十一條ノ規定ハ使用貸借ニ之ヲ準用ス
第五百五十一條　贈與者ハ目的タル物又ハ權利ノ瑕疵又ハ欠缺ニ付キ其責ニ任セス但贈與者カ其瑕疵又ハ欠缺ヲ知リテ之ヲ受贈者ニ告ケサリシトキハ此限ニ在ラス
負擔附贈與ニ付テハ贈與者ハ其負擔ノ限度ニ於テ賣主ト同シク擔保ノ責ニ任ス

第二節　借主の義務

使用貸借は賃貸借とは其趣を異にし無償なるか故に借主は借賃を拂ふの義務なし而して使用貸借に於ける借主の主たる義務は使用及ひ收益を終りたる後借り受けたる物を返還するに在り此事たるや使用貸借の定義に照らし正に明瞭なりと雖も茲に何時如何なる狀態に於て借用物を返還すへきものなるや又貸主か權利を濫用したる場合に於ける責任に付きて說明せむとす

目的物返還の義務

返還すへき時期

(イ)當事者か返還すへき時期を定めたるとき　當事者か返還すへき時期を明

示又は默示にて定めたるときは借主は借受物を使用したると否とを問はす必す其時期に於て返還を爲さゝるへからさるは言を俟たさる所なり

（ロ）使用及ひ收益の目的を定めたる場合　當事者か返還の時期を定めすと雖も契約に於て定めたる目的に從ひて借主か使用及ひ收益を終りたるときは之を返還することを要するは當然のことなり又借主か相當の期間則ち使用及ひ收益を爲すに足るへき期間を經過するときは貸主は例へ未た使用を終らさる場合と雖も尙ほ返還を請求することを得へし

（ハ）當事者か返還の時期を定めす且使用及ひ收益の目的を定めさるとき　此場合に於ては貸主は何時にても返還を請求することを得茲に聊か注意すへきは何時にても返還を請求し得るとのこと是なり若し之を文字通りに解釋するときは貸主は右手に之を貸與し左手に其返還を請求するも不可なきか如し然れとも是普通貸借者の觀念に非さるか故に貸主は若干の時間之を使用せしめ又は其時期を經たる後に返還を請求するの意思ありと解釋せさるへからさるなり

（參照）

第五百九十七條　借主ハ契約ニ定メタル時期ニ於テ借用物ノ返還ヲ爲スコトヲ要ス
當事者カ返還ノ時期ヲ定メサリシトキハ借主ハ契約ニ定メタル目的ニ從ヒ使用及ヒ收益ヲ終ハリタル時ニ於テ返還ヲ爲スコトヲ要ス但其以前ト雖モ使用及ヒ收益ヲ爲スニ足ルヘキ期間ヲ經過シタルトキハ貸主ハ直チニ返還ヲ請求スルコトヲ得
當事者カ返還ノ時期又ハ使用及ヒ收益ノ目的ヲ定メサリシトキハ貸主ハ何時ニテモ返還ヲ請求スルコトヲ得

返還すへき物の狀態　借主は借受けたる時と同一の現狀に於て目的物を返還するの義務を負ふものなり然れとも適法なる使用及ひ收益其他借主の責に歸すへからさる事由の爲めに生したる所の廢滅等は借主に其責任なし而して其借受物に付て自然に生したる所の增加は當然貸主の利益に歸するものなるを以て借主は自ら之を收去することを得す然れとも借主か自ら費用を投して生せしめたる增加は目的物を原狀に回復するに妨なきときに於ては之を收去することを得へし例へは土地を借受けたる場合に於て之に樹木を植付けたると

きは固より其土地は原狀に回復して返還すへきものなるを以て借主は其樹木を拔去りて土地のみを返還することを得るか如し然れとも若し借主か收去を欲せさるか又は原狀に回復することを得さるときは借主は其目的物を其儘貸主に引渡し其費用償還を請求することを得へし

地上權及ひ永小作權に付ては地主に工作物及ひ竹木を買ひ取るの權利ありされは使用權貸借にも此權利ありやと云ふに貸主は此權利を有せさるなり何故に使用貸借には此權利を有せさるやと云ふに法律の精神は使用貸借なるものは重に動產に付てのみ行はるゝものにして地所及ひ家屋等不動產に付ては多く行はれさるものと看做し從つて使用貸借の目的物には附着物を生する場合少しと爲したるか故なり

（參照）

第五百九十八條　借主ハ借用物ヲ原狀ニ復シテ之ニ附屬セシメタル物ヲ收去スルコトヲ得

借主か權利濫用に對する責任　借主は契約又は其目的物の性質に因りて定まりたる用方に從ひてのみ目的物を使用し且收益を爲すの權利を有し之を他の

用方に使用し又は收益を爲すの權利を有せす且貸主の承諾あるに非されは第三者に轉貸するの權利を有せさることも亦已に說明したるか如し若し借主に於て契約又は性質上の用方に違ひ目的物の使用又は收益を爲し若くは貸主の承諾なきに拘はらす第三者に目的物を轉貸したるときは貸主の方面より之を觀るときは權利を濫用したるものと謂ふへし借主の方面より之を觀るときは義務を破りたるものと謂ふことを得へし之を要するに借主は違約の責任を免るゝことを得さるなり則ち借主は之か爲めに生したる損害を賠償するの責任あるのみならす貸主は之を原因として契約解除の意思を表示したるときは其解除の效果を受けさるへからさるものとす

第三章　使用貸借の消滅

使用貸借は借主の死亡に因りて其效力を失ふものとす　凡そ通常の契約の效力は其當事者の死亡に因りて消滅せさるを原則とするにも拘らす使用貸借は何故に然るや是他なし前にも述へたるか如く使用貸借は貸主は無償にて使用收益を爲さしむるものなれは必す其間特別の事情あるに因るものにして換言

すれは其人の一身に重きを置くものなれは其人の死亡と同時に貸借關係も消滅すと爲したるなり若し否らすとせは借主の死亡するときは其使用權は當然相續人に移轉することゝなり貸主か先代借主にのみ之を許したるの意思に反すれはなり

使用貸借は借主の死亡に因りて其效力を失ふものなるか故に借主の相續人は直ちに之を返還することを要す從て之を使用することを得す若し使用するときは其責に任すへきものとす

使用貸借に於ける特別時效　契約の本旨に反する使用收益に因りて生したる損害賠償又は借主か出たしたる費用の償還等は速に之か請求を爲さしむるを以て便とするのみならす長久の時間を經過したる後は之を證明すること甚た難きを以て法律上特別に時效を以て定めたり則ち此等費用の償還は貸主か返還を受けたる時より一年内に之を請求することを要するものとせり

(參照)

第五百九十九條　使用貸借ハ借主ノ死亡ニ因リテ其效力ヲ失フ

第六百條　契約ノ本旨ニ反スル使用又ハ收益ニ因リテ生シタル損害ノ賠償

及ヒ借主カ出シタル費用ノ償還ハ貸主カ返還ヲ受ケタル時ヨリ一年内ニ之ヲ請求スルコトヲ要ス

第五篇　不動産賃貸借

第一章　賃貸借の性質

不動産賃貸借は消費貸借使用貸借に比して最も實用多き契約なりとす殊に我國に於て從來行はれたる借地契約は果して地上權の設定なるや賃貸借契約なるやに就ては重大なる關係を有し又借家に關する契約も之に據るへきものなるを以て以下之を詳論せんと欲す

賃貸借の定義　不動産の賃貸借とは當事者の一方か或不動産の使用及ひ收益を爲さしむることを約し相手方か之に對して賃金を支拂ふことを約する契約なり

（一）賃貸借契約の成立時期　賃貸借は物の引渡を要せす合意のみにて成立す即ち其契約を取結ふに物の引渡を要せす單に當事者の合意のみを以て成立するものなり是れ羅馬法以來諸國の立法例の認むるところにして本邦

に於ても亦之を認めたり之れ實に消費貸借使用貸借の物の引渡を受けて始めて契約の成立するものと異なる所なり

右の結果として賃貸借の契約成立したる上は設ひ物の引渡を受けす毫末も賃借物の使用收益を爲ささるも賃借人は契約したる義務即ち賃借料を支拂ふの義務を免れさるものとす

(二)賃貸借は當事者の双方に義務を生す　賃貸借契約は所謂双務契約なり何となれは不動產貸主は借主に對して其物の使用收益を爲さしむるの義務を負ひ亦必要なる修繕を爲し以て賃借人をして其物を使用するに便ならしむるの義務を負ふものにして借主は賃貸借終了の時に於て物を返還するの義務を負ふのみならす定期に借賃を支拂ふの義務を負ふものなれはなり

(三)賃貸借契約は有償契約なり是れ使用賃借と異る要點なり何となれは使用賃借に在りては借主は毫も報酬を拂はすと雖も賃貸借に在りては必す借賃を拂ふへきものとす借賃なき賃貸借は賃貸借契約に非さるなり

(四)賃貸借契約は債權を生するに在りて物權を生せす賃貸借契約より生する

賃借權は物の上に直接に行はるゝ權利即ち物權なるや又人の行爲を目的とする債權なるやは從來六ヶ敷問題なり我民法は之を定むるに債權と爲したり何故に賃借權を債權となしたるか今其理由を擧けん

(イ)賃借權を債權とせしは古來の法制なり

(ロ)賃借權に類似せる使用貸借は債權を生するに止るにも拘らす其有償なるの理由を以て物權と爲すは公平を失ふの嫌あれはなり

(ハ)若し賃借權をして物權とせは物權の性質として賃貸人に何等の義務を負はしむへきに非す然れとも之を債權とせは賃貸人は賃貸物を修繕し若くは諸般の妨害を排除して賃借人をして充分に其權利を行はしむることを得へけれはなり

(ニ)賃借權を以て物權と爲すを可なりとするの說は要するに當事者以外の第三者に對抗せしめんとするに在り然れとも賃借權と雖も登記の方法に依るときは第三者に對抗することを得へけれはなり

(ホ)最後の理由と爲すは慣習上の理由是なり我國の慣習に依れは賃借權は所有權者の如く其物を直接に支配する權利の意味に非すして賃貸人をして

賃借人に使用收益せしむるの義務を負はしむるの意味に用ゐられたるを以てなり

（參照）

第六百一條　賃貸借ハ當事者ノ一方カ相手方ニ或物ノ使用及ヒ收益ヲ爲サシムルコトヲ約シ相手方カ之ニ其賃金ヲ拂フコトヲ約スルニ因リテ其效力ヲ生ス

第二章　賃貸借の效力

第一節　賃貸借の登記

賃貸借契約より生する賃借權は債權にして物權に非さることは已に述へたるか如し物權は登記を經て以て第三者に對抗することを得換言すれは登記を以て自己の權利を他人に侵さしめす又他人に認めしむるの權利を有するを原則とす反之債權は斯の如く爲し能はさるを以て原則とす然れとも不動產の賃借權にありては例外として之か登記方法を許せり即ち不動產の賃借權は登記を經たるときは第三者に對抗することを得へきものとせり故に登記後は第三者

か其目的物を讓受け又は幾度所有者の變更あるも賃借人の賃借權は決して消滅することなく依然として存在するものなり

（參照）

第六百五條　不動産ノ賃貸借ハ之ヲ登記シタルトキハ爾後其不動産ニ付キ物權ヲ取得シタル者ニ對シテモ其效力ヲ生ス

第二節　賃貸借の期間

甲、普通の場合

賃貸借の最長期　賃貸借の存續期間は二十年を超過することを得す若し是より長き期間を定めたるときは其超過せる部分は無效と爲り法律上當然二十年に短縮せらるゝものとす

賃貸借は二十年以下なるの制なるに依り當事者か之より永き期間を以て土地を貸借せんとせは前に述へたる地上權若くは永小作權を設定するか又中途期間の更新を爲すの外なきなり

期間の更新　賃貸借の期間二十年を超過することを得すと雖も之をして更

新することは毫も妨なきなり然れとも其更新の時より二十年を超過するこ
とを得す

乙、特別の場合

以上述へたる處は普通一般の場合に於ける賃貸借の期間にして玆に所謂特別
の場合とは處分の能力又は權限を有せさる者の賃貸借を爲したる場合なり・
處分の能力を有せさる者とは準禁治產者にして權限を有せさる者とは代理權
の定めなき代理人及ひ後見人等を云ふ此等の者か賃貸借を爲したるときは賃
貸借の期間は其目的物の異なるにより自から長短あり以下之を說かん

一、山林の賃貸借

(イ)樹木の栽植又は伐採を目的とする山林の賃貸借は　十年

(ロ)其他下草落葉茸等を採取するを目的とするものは　五年

山林の賃貸借は其期間長きに亙らされは其目的を達すること能はす故に
十年以下と爲す然れとも同しく山林の賃貸借なりと雖も敢て其樹木の栽
植又は伐採を目的とするに非すして其下草落葉茸等を採取するを目的と
するものに在りては其期間を長期と爲さゝるも其目的を達することを得

へきか故に五年と爲したり

二、山林以外の土地の賃貸借は五年

三、建物の賃貸借は三年

處分能力及ひ處分權限なき代理人は右の期限を超ゆるの賃貸借を爲すことを得す然りと雖も其期間を超ゑさる範圍内に於ては猶ほ其契約を取結ふことを得

元來賃貸借なるものは其性質處分行爲に非すして管理行爲に屬し物の所有者か自ら之を使用せさる場合に於ける最も普通の利用方法にして財産の管理上亦有用なる行爲なり而して能力不完全なる者の契約する賃貸借の期間の短かきは畢竟長期の賃貸借は殆と所有權の處分行爲に類似するの弊あれはなり若し此制限以上の期間を以て賃貸借を爲したるときは其結果如何と云ふに其貸借は全然無效なりとす彼の普通の場合に於ける賃貸借にして二十年を超過するものは法律上其約束の全部を無效とせすして超過せる部分に限り無效と爲すとは大に其趣を異にするなり

期間の更新　期間の更新の場合に於ても普通の場合とは少しく異なる所あり

て其更新を爲すの時期に制限を附せり即ち期間の更新は必す其期間滿了前土地に付ては一年內建物に付ては三个月內に其更新を爲すことを要すとせり例之土地に付て五个年の賃貸借契約を取結ひたる場合に其五年の期間の滿了の時より以前に遡りて一个年以內即ち四个年を過きたる後に非されは期間更新の契約を爲すを得さるか如し抑も如此規定ある所以は此種の賃貸借の期間を短期と爲したると同一の精神に出てたるに在り若し此更新にして何時にても之を爲し得へきものとせむか前述せる期間の制限は徒法に歸すへけれはなり例へは今日三年の期間を以て建物を賃貸するも其三年の經過したる後更に三年の期間を以て貸借を爲すことを得とせは殆と六年の期間を以て貸借を爲すに等しきを以てなり

（參照）

第六百四條　賃貸借ノ存續期間ハ二十年ヲ超ユルコトヲ得ス若シ之ヨリ長キ期間ヲ以テ賃貸借ヲ爲シタルトキハ其期間ハ之ヲ二十年ニ短縮ス

前項ノ期間ハ之ヲ更新スルコトヲ得但更新ノ時ヨリ二十年ヲ超ユルコトヲ得ス

第六百二條　處分ノ能力又ハ權限ヲ有セサル者カ賃貸借ヲ爲ス場合ニ於テハ其賃貸借ハ左ノ期間ヲ超ユルコトヲ得ス
一　樹木ノ栽植又ハ伐採ヲ目的トスル山林ノ賃貸借ハ十年
二　其他ノ土地ノ賃貸借ハ五年
三　建物ノ賃貸借ハ三年
四　動産ノ賃貸借ハ六个月
第六百三條　前條ノ期間ハ之ヲ更新スルコトヲ得但其期間滿了前土地ニ付テハ一年内建物ニ付テハ三个月内動産ニ付テハ一个月内ニ其更新ヲ爲スコトヲ要ス

第三節　借賃

借賃は賃貸借には必すなかるへからさるものなり而して其借賃は之を定期に支拂ふものとす又借賃は金錢を以て支拂ふも將た物を以て之に代ゆるも當事者の約束通りにして等しく法律上の借賃たるを妨けさるなり
借賃の支拂時期　借賃は如何なる時期に於て之を支拂ふへきや
一、建物及ひ宅地に付ては毎月末

一、其他の土地に付ては每年末

一、收穫季節あるものに付ては其季節後に於て遲滯なく之を支拂ふへきものとす（參照第六百十四條）

借賃支拂地　借賃支拂は特約あるときは其約束の場所に於て支拂ふへしと雖も何等特約なきときは一般の債務履行の規則に從ひ債權者の住所即ち地主家主の許へ持參すへきものとす尤も貸主は其代理人として差配人を定め置きたるときは此者に支拂ふを順序とす

借賃の減少　（一）宅地の賃借人を除き其他を土地の賃借人か不可抗力に因りて借賃より少なき收益を得たるときは其收益の額に至る迄借賃の減少を請求することを得へし　元來借賃なるものは契約を以て定まるものなれは事變の如何を問はす常に契約通りの借賃を支拂はさる可らさるは契約より生する當然の結果なりと雖も其目的とする收穫にして借賃より少なき時は貸主に對し減少の請求を爲すことを得但宅地の賃借人に此恩典なきは我國に從來斯る慣習もなく亦不可抗力の結果收益の減少せらるる場合稀なるを以てなり（二）賃借物の一部か賃借人の過失に因らすして滅失したるときは其滅失したる部分の割合に

應して借賃の減額を請求することを得へし　賃借物の一部か滅失し爲めに其殘部のみにては到底契約の目的を達することを能はさるに至るときは之を解除し得へきこと當然なりと雖も事未た斯の如くに至らす猶は契約の目的を達するに妨けなきときは契約は依然として存在し只單に借賃の減額を請求することを得るなり

(參照)

第六百九條　收益ヲ目的トスル土地ノ賃借人カ不可抗力ニ因リ借賃ヨリ少キ收益ヲ得タルトキハ其收益ノ額ニ至ルマテ借賃ノ減額ヲ請求スルコトヲ得但宅地ノ賃貸借ニ付テハ此限ニ在ラス

第六百十一條　賃借物ノ一部カ賃借人ノ過失ニ因ラスシテ滅失シタルトキハ賃借人ハ其滅失シタル部分ノ割合ニ應シテ賃借ノ減額ヲ請求スルコトヲ得

前項ノ場合ニ於テ殘存スル部分ノミニテハ賃借人カ賃借ヲ爲シタル目的ヲ遂スルコト能ハサルトキハ賃借人ハ契約ノ解除ヲ爲スコトヲ得

第四百八十四條　辨濟ヲ爲スヘキ場所ニ付キ別段ノ意思表示ナキトキハ特

定物ノ引渡ハ債權發生ノ當時其物ノ存在セシ場所ニ於テ之ヲ爲シ其他ノ辨濟ハ債權者ノ現時ノ住所ニ於テ之ヲ爲スコトヲ要ス

第四節　賃貸人の義務

第一使用收益を爲さしむるの義務　賃貸人は賃借人の爲めに賃貸借の期間内賃貸物の使用及ひ收益を爲さしむる義務を負擔するは賃貸借契約より生する當然の結果なりとす是れ賃貸借は双務契約にして當事者の雙方に債權と債務とを生せしむる契約なれはなり

第二修繕の義務　賃貸人は賃貸物の使用及ひ收益に必要なる修繕を爲すの義務を負ふ此義務は前第一の義務より當然生する所のものなり即ち賃貸人は賃借人をして賃貸物を使用收益せしむるの義務あるか故に其目的物に修繕を要する狀況あらは速に之か修繕を爲さゝるへからす

第三費用償還の義務　賃貸人は賃借人か賃借物に付き費用を支出したるときはそれを償還するの義務あり今區別して之を說明せん

(イ)賃借人か賃借物の必要費を支出したるときは賃貸人に對し何時にても之を請求することを得へし然れとも有益費に付ては賃貸借終了の後に非さ

れは之を請求することを得す(必要費とは修繕費租税の如き物の保存上費す費用をいひ有益費とは其支出により物に價格を増す費用をいふ)

(ロ)必要費は賃貸人に於て其全額を償還するの義務あるも有益費は賃貸借終了の時目的物の増價格か現在する場合に於てのみ之を償還するの義務あり而して賃貸人は目的物の増價額と有益費とを對比して自己の選む所に因り其一を償還するを以て足る

(ハ)賃貸人は必要費の請求を受けたるときは直ちに之か償還を爲すへく決して其支拂猶豫を求むることを得す之に反して有益費に付ては賃貸人は裁判所に向て相當の猶豫を申請することを得へし裁判所は亦之に相當の期間を與ふへきものとす

(ニ)賃借人は其支出せる必要費に付き賃貸人より償還を受くる迄賃借物を留置することを得へし有益費に付ては裁判所より償還猶豫の許可ある場合のみ賃借人に於て其目的物を留置することを得

第四解除に應するの義務　賃貸人は賃借人の請求に應して賃貸借契約の解除を爲すの義務あり

賃借人の解除を請求し得へき場合は左の如し

(イ)修繕の爲め賃借の目的を妨くる場合　賃貸人か賃貸物の修繕を爲すか爲めに賃借を爲したる目的を達すること能はさる場合は賃借人に於て契約の解除を請求することを得　例へは家屋の壁に破損を生し持主か之を修繕せんと欲するときは賃借人は多少の不便を感するのみにて其家屋に住することを能はさるものに非されは契約の解除を爲すこと能はさるや勿論なりと雖も持主か家屋の壁の全部を改築せんと欲する場合の如きは賃借人は爲めに其家屋に住することを能はさるに至るへし其家屋に住することを能はさるに至れは其賃借の目的を達する能はさる場合なるか故に賃借人は其契約を解除することを得るものとす

(ロ)收益の寡少なる場合　收益を目的とする土地の賃借人か不可抗力の爲めに二年以上引續き借賃より少なき收益を爲したるときは賃借人は其契約を解除することを得

土地より生する果實の收益を目的として賃借を爲したる場合に於て不可抗力即ち天災地變に因り其産物の看るへきもののなきときは賃借人の困難

固より言ふを俟たす此の如く收益なきの凶歲二年以上も繼續するときは賃借人は到底其賃貸借を繼續すること難し故に此場合に於ては其關係を解除することを得へきものとせり玆に所謂二年以上の凶作を理由として契約を解除し得る場合は收益を目的とする土地の賃貸借にのみ限るものにして宅地の貸借には適用なきこと前に述へたるか如し

(八)目的物の滅失したる場合　賃借物か賃借人の過失に因らすして滅失し殘部のみを以ては賃貸借の目的を達することを得さる場合には賃借人は契約解除の權利を有す

賃貸借にして其目的物に大缺損を生するときは其殘れる部分のみにては其目的を達することを能はさるや明かなり此の如き場合に於ては賃借人は其契約の解除を請求することを得へきものとす例へは一定の面積を要する場合に於て其土地の大半崩壞したる場合の如きは此殘部にては目的を達すること能はさるか如し

此場合に於ける解除の原因は賃借人の過失に非すして目的物の一部の滅失したる場合ならさるへからす若し之に反し賃借人に過失あるときは解

除を爲すことを得す又賃貸人と賃借人との双方に過失ありたる場合に於ても賃借人は之を解除することを得す何となれは假令賃貸人に一部の過失ありとするも爲めに賃借人の過失を相殺すること能はされはなり

第五、賃金減少の義務　此事項に付ては已に前章借賃の下に於て説明したるか故に今は玆に述へす

(參照)

第六百六條　賃貸人ハ賃借物ノ使用及ヒ收益ニ必要ナル修繕ヲ爲ス義務ヲ負フ(一項)

第六百八條　賃借人カ賃借物ニ付キ賃貸人ノ負擔ニ屬スル必要費ヲ出シタルトキハ賃貸人ニ對シテ直チニ其償還ヲ請求スルコトヲ得

賃借人カ有益費ヲ出シタルトキハ賃貸人ハ賃貸借終了ノ時ニ於テ第百九十六條第二項ノ規定ニ從ヒ其償還ヲ爲スコトヲ要ス但裁判所ハ賃貸人ノ請求ニ因リ之ニ相當ノ期限ヲ許與スルコトヲ得(第百六十九條ハ前ニ在リ)

第六百九條　收益ヲ目的トスル土地ノ賃借人カ不可抗力ニ因リ借賃ヨリ少キ收益ヲ得タルトキハ其收益ノ額ニ至ルマテ借賃ノ減額ヲ請求スルコト

トヲ得但宅地ノ賃借ニ付テハ此限ニ在ラス

第六百十條　前條ノ場合ニ於テ賃借人カ不可抗力ニ因リ引續キ二年以上借賃ヨリ少キ收益ヲ得タルトキハ契約ノ解除ヲ爲スコトヲ得

第六百十一條　賃借物ノ一部カ賃借人ノ過失ニ因ラスシテ滅失シタルトキハ賃借人ハ其滅失シタル部分ノ割合ニ應シテ借賃ノ減額ヲ請求スルコトヲ得

前項ノ場合ニ於テ殘存スル部分ノミニテハ賃借人カ賃借ヲ爲シタル目的ヲ達スルコト能ハサルトキハ賃借人ハ契約ノ解除ヲ爲スコトヲ得

第五節　賃借人の義務

第一、賃金支拂の義務　賃借人は借賃を定期に支拂ふの義務を負ふものなれは必す其期日に之を支拂はさるへからす賃金のことに付ては已に述へたるを以て玆に贅せす

第二、妄りに賃借權の讓渡又は轉貸を爲さゝるの義務　賃借人は賃貸人の承諾あるに非されは其權利を他人に讓渡し又は轉貸を爲すことを得す何故に法律か猥に轉貸又は讓渡を爲すことを許さゝるや是れ一は我國の慣習に基け

るものにして他は賃貸人の意思に背くものと認め即ち賃貸人は其人のみに使用及ひ收益せしむる目的にして他人には之を許すを望ますと認めたれはなり賃借權は賃貸人の承諾を得たるときは勿論之を他人に讓渡又は轉貸を爲すことを得又賃借人か此手續を踐ますして讓渡又は轉貸を爲したるときは其契約は無效なるのみならす賃貸人より賃貸借契約をも解除せらるることあり

第三、修繕又は爭ひを通知する義務　賃借人は賃借物の修繕を必要とするか又は賃借物に付き權利を主張する者あるときは遲滯なく之を賃貸人に通知することを要す但賃貸人か已に之を知り居るときは此限に在らす

何か故に賃借人は賃貸人に對し修繕の必要あることを通知すへきものなるやと云ふに賃借人は其賃借物を注意して保存すへき義務あるものなれは若し之を通知せすして看過するときは賃貸人は其事態を知了せさるか爲め尠からさる損害を生すれはなり又何か故に他人より權利の主張あるとき即ち爭あるとき之を通知するの義務ありや是れ亦賃借人は其目的物を管理するの責あるより當然生する義務なりとす

第四、保存行爲に應するの義務　賃借人は自ら進んて物の修繕を爲すの責なしと雖も賃貸人か其目的物に對し保全の爲め必要なる行爲を爲さむことを欲するときは賃借人は之を拒むことを得す

第五、返還の義務　賃借人は契約に定めたる時期に於て借用物の返還を爲さゝるへからす而して其賃借物は原狀に復して返還せさるへからす

（參照）

第六百十二條　賃借人ハ賃貸人ノ承諾アルニ非サレハ其權利ヲ讓渡シ又ハ賃借物ヲ轉貸スルコトヲ得ス

賃借人カ前項ノ規定ニ反シテ第三者ヲシテ賃借物ノ使用又ハ收益ヲ爲サシメタルトキハ賃貸人ハ契約ノ解除ヲ爲スコトヲ得

第六百六條　賃貸人カ賃貸物ノ保存ニ必要ナル行爲ヲ爲サントスルトキハ賃借人ハ之ヲ拒ムコトヲ得ス（第二項）

第六百十六條　第五百九十四條第一項第五百九十七條第一項及ヒ第五百九十八條ノ規定ハ賃貸借ニ之ヲ準用ス

第五百九十四條　借主ハ契約又ハ目的物ノ性質ニ因リテ定マリタル用方ニ從ヒ其物ノ使用及ヒ收益ヲ爲スコトヲ要ス(第一項)

第五百九十七條　借主ハ契約ニ定メタル時期ニ於テ借用物ノ返還ヲ爲スコトヲ要ス

第五百九十八條　借主ハ借用物ヲ原狀ニ復シテ之ニ附屬セシメタル物ヲ收去スルコトヲ得

第六百十五條　賃借物カ修繕ヲ要シ又ハ賃借物ニ付キ權利ヲ主張スル者アルトキハ賃借人ハ遲滯ナク之ヲ賃貸人ニ通知スルコトヲ要ス但賃貸人カ旣ニ之ヲ知レルトキハ此限リニ在ラス

第六節　轉貸借の效力

賃借人か賃貸人の承諾を經て轉貸したるときは如何なる效力を生するやを研究するに

第一、轉貸人と轉借人との間に於ける效力　轉貸人とは第一賃貸借に於ける借人を云ひ轉借人とは第二賃貸借に於ける賃借人を云ふ、此二者間の關係は普通の賃貸借に於ける關係と異なることなきを以て特に說明の要なし

第二、賃貸人と轉借人との間に於ける效力　此場合に於ては轉借人は賃貸人に對して直接に賃貸借の義務を負ふ賃貸人は轉貸人に對して權利を有すると同時に轉借人に對しても其權利を行ふことを得るものとす即ち賃金等の取立は雙方に向つて爲すことを得る場合あり然れとも賃貸人は賃借人に對して有する權利の範圍內に於てのみ此權利を行ふものとす例へは茲に賃貸人か五十圓の家賃を以て或家屋を賃借人に貸渡し賃借人は更に之を六十圓にて轉借人に轉貸したりとするときは賃貸人は轉借人に對し五十圓の家賃を請求し得るに止まり六十圓の家賃を請求することを得さるなり又先きに百圓の家賃のものを後九十圓の家賃にて轉借人へ轉賃したるときは賃貸人は賃借人に對し九十圓の家賃を請求し得るに止まる今此二例に於て前例の賃貸人は全部の家賃を取立て了りたるものなれは再ひ轉貸人に對し請求することを得すと雖も後例の場合に於ては尙は殘部の拾圓を轉貸人に對して請求し得へきなり

第三、賃貸人と賃借人との間に於ける效力　賃借人か重ねて賃貸借契約を爲せはとて賃貸人に對する關係は消滅するものに非す否何等の關係をも及ほさ

ゝるなり唯前にも述へたる如く賃貸人は轉借人に對しても賃貸權を行使し得へきものなるか故に轉借人より義務の辨濟を受けたるときは最早再ひ轉貸人に對して其權利を主張し得さるのみなり

猶は茲に一の注意すへき事項は則ち轉借人か賃貸人より義務履行の請求を受けたるときは轉貸人に借賃を前拂せりとの理由を以て支拂を拒むことを得さるの一事なり所謂前拂とは借賃支拂期日前の支拂を云ふ例へは契約を以て定めたるときは其期日若し之を定めさるときは慣例上に於ける期日又之に關する慣例もなきときは法律上定まれる月末年末等の期日以前に支拂ひたるものを云ふ借賃の支拂は何故に賃貸人に對して主張し得さるやと云ふに前拂なるものは往々にして賃貸人に損害を加ふる爲め轉貸人と轉借人と通謀して之を約することあれはなり前拂を以て賃貸人に對抗することを得すと雖も前拂に非さりし賃金の支拂は賃貸人に對抗することを得るは當然なり

(參照)

第六百十三條　賃借人カ適法ニ賃借物ヲ轉貸シタルトキハ轉借人ハ賃貸人

ニ對シテ直接ニ義務ヲ負フ此場合ニ於テハ借賃ノ前拂ヲ以テ賃貸人ニ對抗スルコトヲ得ス
前項ノ規定ハ賃貸人カ賃借人ニ對シテ其權利ヲ行使スルコトヲ妨ケス

第七節　賃借權讓渡の效力

賃借人は其賃借權を讓渡さんには賃貸人の承諾を得さるへからさるは已に前に述へたるか如し然らは承諾を經て之を讓渡したるときは其效果如何と云ふに是普通債權の讓渡の規定に遵ふものとす

第一、賃貸人と賃借人との間に於ける效力　賃借人か其權利を讓渡したるときは以後賃借主たるの資格を失ふものとす故に賃貸人と賃借人との間には何等の關係もなきものなり

第二、賃貸人と賃借權讓受人との間に於ける效力　賃借權の讓渡ありたるときは其權利は讓受人に移轉するものなれは以後讓受人は賃借人たるの權利及ひ義務を有すものとす

賃借權の讓渡に關し賃貸人か承諾を爲すに二種あり一は異議を留めて承諾を爲したるものにして一は只單純に承諾を爲したるもの是なり而して其效

力に於て多少の差異あり

一、異議を留めて承諾を爲したる場合　異議を留めて承知するとは賃貸人か當時賃借人に對し請求し得へき或權利を有せることを賃借權讓渡に對する承諾と共に讓渡人に通知するに在り換言すれは賃借權讓渡其者に付ては固より異議なしと雖もそれに關し賃借人に對抗すへき斯く〳〵の事由あることを承知せさるへからすと云ふに在り如此異議を留めて讓渡の承諾を爲したるときは曾て讓渡人に對抗し得へき事由は讓受人に對しても對抗し得へきものとす例へは賃貸人か其賃貸物の修繕若くは必要費用の償還を爲す義務を有せさる旨の約束を爲したる場合は讓受人に對しても尙ほ其約束を持續し得へく從つて他日讓受人より是等の義務の履行を請求せらるゝと雖も之に應せすして可なるか如し

二、異議を留めすして承諾を爲したるとき　異議を留めすして承諾するとは前項に相反し何等の事由をも申出すして單純に承諾したる場合なり此場合に於ては賃貸人は其讓受人を以て完全なる賃借權を有するものたることを自ら承知したるものと法律上看做さるるか故に曾て讓渡人に對し主張し得へ

かりし事由も後の讓受人に對しては主張することを得さるなり

以上述ふるか如く賃貸人か異議を留めたると否とに因り其權利義務に差異を生するものなり是等區別の實益は讓渡人か漫然其權利を讓渡したる場合に必要を生す。るものとす即ち讓渡人にして讓渡に際し斯々の事由ありと讓受人に指示したるときは假令賃貸人か異議を留めさりしにもせよ讓受人に於て其責任を引受けさるへからさるなり

賃借權の讓渡は啻に使用及ひ收益の權利のみを移轉するに止まらす之に附隨する借賃の支拂の義務をも引受けしむるものとす故に讓受人は前契約に於けると均しき賃金を支拂はさるへからす

三、讓渡人と讓受人との間に於ける效力

（イ）讓渡人は賃貸人又は第三者に對する讓渡の效力を完からしむるの責任を有す讓渡は讓渡人と讓受人との合意に因り直ちに其效力を生すと雖も之を賃貸人又は第三者に對抗せしめんには他に手續を要するものなり此手續は讓渡人に於て爲すへきものとす例へは讓渡の際に賃貸人の承諾を求め其他之か登記に助力すへきか如き是なり

(ロ)證書引渡の義務あり　賃貸借は必すしも證書を作製すへきものに非す故に證書なき場合も亦少しとせす此場合に於ては固より證書の引渡を要せすと雖も之あるときは譲受人に引渡さゝるへからす此證書は賃借權を有するの證據となるものなれはなり

四、第三者に對する效力　賃借權は一の債權なりと雖も之を登記し得へきものなれは其讓渡も亦登記に因り第三者に對抗することを得るものとす

(參照)

第四百六十六條　債權ハ之ヲ讓渡スコトヲ得但其性質カ之ヲ許サヽルトキハ此限ニ在ラス

前項ノ規定ハ當事者カ反對ノ意思ヲ表示シタル場合ニハ之ヲ適用セス但其意思表示ハ之ヲ以テ善意ノ第三者ニ對抗スルコトヲ得ス

第四百六十七條　指名債權ノ讓渡ハ讓渡人カ之ヲ債務者ニ通知シ又ハ債務者カ之ヲ承諾スルニ非サレハ之ヲ以テ債務者其他ノ第三者ニ對抗スルコトヲ得ス

前項ノ通知又ハ承諾ハ確定日附アル證書ヲ以テスルニ非サレハ之ヲ以テ

債務者以外ノ第三者ニ對抗スルコトヲ得ス

第四百六十八條　債務者カ異議ヲ留メスシテ前條ノ承諾ヲ爲シタルトキハ讓渡人ニ對抗スルコトヲ得ヘカリシ事由アルモ之ヲ以テ讓受人ニ對抗スルコトヲ得ス但債務者カ其債務ヲ消滅セシムル爲メ讓渡人ニ拂渡シタルモノアルトキハ之ヲ取返シ又讓渡人ニ對シテ負擔シタル債務アルトキハ之ヲ成立セサルモノト看做スコトヲ妨ケス

讓渡人カ讓渡ノ通知ヲ爲シタルニ止マルトキハ債務者ハ其通知ヲ受クルマテニ讓渡人ニ對シテ生シタル事由ヲ以テ讓受人ニ對抗スルコトヲ得

第八節　默示の再賃貸借

默示の再賃貸借の意義　默示の再賃貸借とは當事者か明示の意思を以て定めたる者に非すして法律上の推定なり即ち賃貸借期間の滿了後賃借人か依然其賃借物の使用收益を繼續し賃貸人に於て其事實を知るにも拘らす何等の苦情も述へさるときは事實契約を爲さすと雖も法律上に於ては前契約と同一の條件を以て更に賃貸借契約の締結せられたるものと推定せらるゝものなり

再賃貸借の條件　默示の再賃貸借は前契約と同一の條件換言すれは前契約と

異ならさる新賃貸借を爲したりと看做さる然りと雖も唯期間の點に付ては前契約と同一の期間なりと看做されさるなり即ち前契約の期間は幾年と定めたるも再賃貸借の場合に於ては期間に付き何等の合意なきものと看做さる故に何時にても其契約解除の申込を爲すことを得へし

擔保　前賃貸借に擔保ありたるときは其擔保は新賃貸借にも附着するものと看做すへきや凡そ擔保なるものは主たる權利に附從するものにして主たる權利消滅すれは擔保も亦從て消滅するものなり然るに默示の再賃貸借は前契約と同一のものに非すして更に新たなる契約と見るへきものなれは擔保の附着は之を推定せさるなり例之は前貸借に保證人ありたりと雖も新貸借には其保證人は何等の保證義務をも負はす又前貸借に抵當權を以て擔保したるも新貸借には是等の擔保なきものとす然れとも玆に例外と爲すへきものあり即ち敷金是なり

敷金の附着　敷金は借主か貸主に對し借賃其他義務の不履行等により損害を掛けたるときは之を以て償ふの意に出てたるものなれは同しく擔保たるに相違なしと雖も法律は我邦從來の慣習を採り再貸借に之を附着するものとせり

(參照)
第六百十九條　賃貸借ノ期間滿了ノ後賃借人カ賃借物ノ使用又ハ收益ヲ繼續スル場合ニ於テ賃貸人カ之ヲ知リテ異議ヲ述ヘサルトキハ前賃貸借ハ同一ノ條件ヲ以テ更ニ賃貸借ヲ爲シタルモノト推定ス但各當事者ハ第六百十七條ノ規定ニ依リテ解約ノ申込ヲ爲スコトヲ得前賃貸借ニ付キ當事者カ擔保ヲ供シタルトキハ其擔保ハ期間ノ滿了ニ因リテ消滅ス但敷金ハ此限ニ在ラス

第九節　抵當權登記後の短期賃貸借の效力

抵當權の登記後に登記したる賃貸借と雖も法律に定めたる或一定の期間を遵守したるものは抵當權者に對抗することを得へきなり抵當權者に對抗するとは抵當權者か賃貸借を承認し其抵當權實行に因り不動產を賣却する際にも自己の抵當權登記後の賃貸借なりとの理由にて之を排斥することを能はさるをいふなり即ち其賃借權附にて賣却せさるへからさるの義務あるものとす元來本則より云へは登記の前後によりて權利の優劣を決すへきものなるか故に抵當權の登記後に賃借權を登記したるときは勿論其賃貸借は抵當權に一歩

を讓らさるへからさるものなれは抵當權を實行するに當り抵當權者は之を否認して賣却することを得へき筈なり然りと雖も短期の賃貸借にありては抵當權者の利益を減殺することなけれは法律は猶ほ此の例外を設けたるなり茲に所謂短期の賃貸借とは左の如し

一、樹木の栽植又は伐採を目的とする山林の賃貸借は十年

二、其他の土地の賃貸借は五年

三、建物の賃貸借は三年

四、動產の賃貸借は六个月

右の期間の範圍內に於て定めたる賃貸借は抵當權者に對抗することを得へしと雖も之か爲め抵當權者に損害を及はさゝることを要す

短期賃貸借なりと雖も若し抵當權者に對し損害を及ほす場合なるときは抵當權者は其事由を裁判所へ申立て賃貸借の解除を命せしむることを得例へは借賃か不當に低廉なるか爲め抵當權者か不動產を競賣するに方り其代價を低廉ならしむるか如き場合是なり

第三百九十五條　第六百二條ニ定メタル期間ヲ超エサル賃貸借ハ抵當權ノ

登記後ニ登記シタルモノト雖モ之ヲ以テ抵當權者ニ對抗スルコトヲ得但其賃貸借カ抵當權者ニ損害ヲ及ホストキハ裁判所ハ抵當權者ノ請求ニ因リ其解除ヲ命スルコトヲ得

第六百二條　處分ノ能力又ハ權限ヲ有セサル者カ賃貸借ヲ爲ス場合ニ於テハ左ノ期間ヲ超ユルコトヲ得ス

一、樹木ノ栽植又ハ伐採ヲ目的トスル山林ノ賃貸借ハ十年

二、其他ノ土地ノ賃貸借ハ五年

三、建物ノ賃貸借ハ三年

四、動産ノ賃貸借ハ六个月

第十節　賃貸人の先取特權

先取特權とは讀て字の如く債務者の財産に付き他の債權者に先ちて辨濟を受くるの權利なり賃貸人は已に述へたるか如く賃借人に對して借賃又は目的物の毀損等に因り受けたる損害を賠償せしむるの權利を有す而して是等賃貸人の權利を確實に保護せんには特に法律の規定を待たさるへからす故に法律は其權利を保護する爲め賃借人の動産に付き他の債權者より先んして辨濟を受

くるの特權を附與せり以下之を細論せむとす

一、先取特權の保護を受くへき債權の種類　先取特權は不動產の賃貸借關係より生する債權に存在す而して賃貸借關係より生する債權とは地代又は家賃の如きは勿論賃借人の賃貸物件に加へたる損害賠償の如きものを謂ふ因に謂ふ地上權永小作權に於ける地代永小作料及ひ其他の損害賠償の如き債權も亦此先取特權あるものなり

二、先取特權の目的物　賃貸人の先取特權は如何なる物に對し執行し得へきや土地の賃貸借と建物の賃貸借との場合を區別して論すへし

甲、土地の賃貸借　土地の賃貸借の場合には下記の目的物に對して存在す(イ)賃借地に備附けたる動產(ロ)賃借地の利用の爲めにする建物に備附けたる動產例へは牧場を賃貸したる場合に其見張小屋に備附けたる品物の如し(ハ)賃借地の利用に供したる動產例へは耕作の爲めに利用する牛馬の如し(ニ)賃借人の占有に在る賃借地の果實

乙、建物の賃貸借　建物の賃貸借の先取特權は賃借人か其建物に備附けたる動產に存在するものとす玆に所謂備附けたる動產とは土地又は建物の上

に存在せる一切の動產を云ふにあらす必す一定の期間內其建物の上に備附け置くへきものにして建物の爲めに使用するものならさるへからす例へは置戸棚、簞笥其他の日用器具の如し之に反し金錢又は寶石の類は玆に所謂備附け品と云ふこと能はす蓋し金錢は之を消費し寶石は之を身體に附着して移動すへきものにして常に其建物の上に存在するものと云ふこと能はされはなり

三、賃貸借の讓渡又は轉貸の場合に於ける先取特權　適法に賃借權を讓渡又は轉貸したるときは賃貸人の先取特權は其讓受人又は轉借人の動產にも及ふへきものとす而して此先取特權は單に讓受人又は轉借人か負へる義務に付て行ふことを得るのみに非すして讓渡又は轉貸の前に於て賃借人か負ふへき義務及ひ賃借人の義務にして讓受人轉借人の負擔せさるものに付ても尙ほ先取特權を行ふことを得へきものとす例へは讓受人轉借人の負擔せる借賃か賃借人の負擔せるものより低廉なるときは其差額に對しても行ふことを得へきか如し何故に法律はかく賃貸人の權利を重く保護するや蓋し賃借人か讓渡又は轉貸を爲さゝれは賃貸人は其動產に付て先取特權を有すへか

りしに偶〻賃借人か其讓渡又は轉貸を爲したる爲め賃貸人の擔保を失ふへきものとするは失當の至りなれはなり

賃貸人の先取特權は啻に讓受人又は轉借人の動產の上に及ふのみならす讓渡人又は轉貸人か受くへき金額に付ても亦存在するものとす即ち讓受人又は轉借人より賃借人に對し拂ふへき金額に付ても亦存在するものとす

四、賃借人の財產の總淸算の場合に於ける賃貸人の先取特權　賃借人の財產の總淸算とは例へは破產、相續の限定承認の場合、法人の淸算等の場合を云ふ此場合に於て賃貸人の先取特權は如何なる範圍まて賃借人の動產の上に及ふや素より賃貸人の一切の債權に付て之を及ほすへきか如しと雖も斯の如くするときは他の債權者は爲めに一文半錢の配當をも得さるか如きこと往々之あり他の債權者の利益を害するものなるか故に法律は或期間內の債權にのみ先取特權を附せり即ち左の如し

（イ）前期、當期及ひ次期の借賃　當期とは財產の總淸算ありたる最近の支拂時期に於て支拂ふへきものを云ふなり而して前期とは當期前の一期分なり例へは每月末に家賃を拂ふへき場合に於て明治三十二年七月二日に財產

の總清算ありとせは當期とは明治三十二年七月分の家賃にして同年六月分は前期八月分は次期なりとす

(ロ)前期當期及ひ次期の借賃以外の債務　例へは賃借物の修繕費租税等の債權を有する場合に於て其費用、租税等是なり

(ハ)前期及ひ當期に於て生したる損害の賠償

以上の如く法律は各制限を設けたり故に如何なる債權と雖も前期以前のものにありては先取特權を與へす又次期以後の分に付ても同一なりとす然れとも是先取特權を與へすと云ふのみにして其請求權まてもなしと云ふに非す只其債權に先取特權を附せさるのみなり

五、賃貸人か敷金を受取りたる場合の先取特權　敷金なるものは世俗專ら行はるゝ所のものにして人のよく知る所なり然れとも其法律上の性質に付ては隨分八ヶ間敷議論のある所にして容易に決することと能はさるに似たり之に關する有力なる學說に曰く敷金なるものは擔保の目的を以てする解除條件付債權を有するものなりと賃貸人か敷金を受取るや賃借人に對して賃借權消滅のときに之を返還するの義務を負ふものなり然れとも此債務には「若し

賃借人の借賃か支拂を怠りたるときは怠りたる限度に於て其債務消滅すへし」と云へる解除條件ありて若し賃借人か借賃の支拂を怠りたるときは其金額敷金の全額に達するときは其債權全部消滅し其一部に當るときは其部分を限として其債務消滅するものとせさることを得さるものなりと之を敷金の法律上の性質とす即ち賃貸人か敷金を受取りたるときは其敷金を以て辨濟を受けさる債權の部分に付てのみ先取特權を有するものとす

以上說明する先取特權は專ら賃貸借に付てのみなり然れとも之を地上權の場合にも準用せらるゝとは前に畧言し置たるか如し即ち地代に關する地主の先取特權の如し然れとも地上權には地上權設定者に土地の脩繕を爲すの義務なき等賃貸借の場合とは自ら先取特權を行ひ得へき債權に差異あるを免れす永小作權に於ても亦地主は永小作權者に對する凡ての權利に付て此の先取特權を有するものとす

(參照)

第三百十二條　不動產賃貸ノ先取特權ハ其不動產ノ借賃其他賃貸借關係ヨリ生シタル賃借人ノ債務ニ付キ賃借人ノ動產ノ上ニ存在ス

第三百十三條　土地ノ賃貸人ノ先取特權ハ賃借地又ハ其利用ノ爲メニスル建物ニ備附ケタル動産其土地ノ利用ニ供シタル動産及ヒ賃借人ノ占有ニ在ル其土地ノ果實ノ上ニ存在ス

建物ノ賃貸人ノ先取特權ハ賃借人カ其建物ニ備附ケタル動産ノ上ニ存在ス

第三百十四條　賃借權ノ讓渡又は轉貸ノ場合ニ於テハ賃貸人ノ先取特權ハ讓受人又ハ轉借人ノ動産ニ及フ讓渡人又ハ轉貸人カ受クヘキ金額ニ付亦同シ

第三百十五條　賃借人ノ財産ノ總淸算ノ場合ニ於テハ賃借人ノ先取特權ハ前期、當期及ヒ次期ノ借賃其他ノ債務及ヒ前期並ニ當期ニ於テ生シタル損害ノ賠償ニ付テノミ存在ス

第三百十六條　借貸人カ敷金ヲ受取リタル場合ニ於テ其敷金ヲ以テ辨濟ヲ受ケサル債權ノ部分ニ付テノミ先取特權ヲ有ス

第三章　賃貸借の終了

第一節　賃貸借の終了原因

第一、期間の經過　當事者は豫め期間を定め置きたるときは其期間の經過に因り賃貸借關係の終了することは勿論なり

第二、解約の申入　當事者か賃貸借の期間を定めさるときは貸主借主双方何時にても解約の申入を爲すことを得へし而して此の解約の申入を爲したりと雖も賃貸借は解約の申出と同時に終了すへきものに非す賃貸借の終了か其解約申込を爲したる後一定の期間を經過したる後に於て始めて生すへきものとす而して其期間は左の如し

一、土地に付ては　一年

二、建物に付ては　三个月

三、貸席に付ては　一日

解約申入の日より右期間を經過するときは茲に賃貸借契約は終了するものとす

解約申入の時期、解約申入は何時に爲すへきものなるかと云ふに原則としては何時にても爲し得へきものとす然れとも茲に一の特別なるものあり即

ち收獲季節ある土地の賃貸借の場合是なり此場合には其解約申入は其季節後次の耕作に着手する前に解約の申入を爲さゝるへからす而して此申入を爲したるより一年を經て終了するは普通の場合と異なることとなし賃貸借は何故に解約申入と同時に終了せしめさるや彼の使用貸借にありては同しく物の使用收益を目的とするものなるに貸主の意思に因り何時にても終了することを得せしむるにも拘はらす賃貸借を否らすとするは蓋し理由なくんはあらす使用貸借は元來無償なるを以て貸主の利益を多く保護せさるへからさるの理由あるも賃貸借は有償なるか故に相手方の利益をも平等に保護せさるへからす而して相手方の利益を平等に保護するには解約の申入後一定の期間を經過したる後契約終了するものとするに非されは借主の利益を保護すること能はされはなり

第三、留保したる解約權の行使　解約權の留保とは賃貸借契約に因り當事者か期間內と雖も隨意に解約を爲し得へきことを定め置くを云ふ

解約權の留保に三種あり

一、貸主に留保するもの　例へは貸主か一旦二年の期間を以て土地又は建物

を貸與したるも二年以内に或は自ら之を使用するの必要生することあらんことを慮り二年以内と雖も自ら解約し得ることを約したる場合なり

二、借主に留保するもの　例へは三年の期間を以て他人の家屋を借受けたるも或は其内に他に移轉することあるやを慮り解約權を留保するか如し

三、貸主借主雙方に留保するもの　前例に於けるか如き必要の他日當事者雙方に生するやを慮り雙方共に解約權を留保したる場合なり

解約權を行使し解約の申入を爲したりとするも直ちに賃貸借契約の效力を消滅するものに非す前段と同しく一定の期間を經過するに非されは賃貸借は終了せさるなり

第四、賃借人か破産の宣告を受けたるとき　賃貸借は貸主に於て賃金を得んとするにあれは賃借人に於て破産の宣告を受くるときは其賃金を支拂ふの資力なく且賃貸人に於ても之を利用すること能はさるものなれは玆に解約申入を爲し得へきものとせり賃借人は破産の宣告を受くると雖も同時に契約の終了を來すものに非す前段と同しく申入後一定の期間を經へきものとす

賃借人か破産を爲したるときは賃貸借期間を定めたる場合なると否とを問

はす總て解約申入を爲すことを得へし

第五、目的物の滅失　賃貸物の滅失したるときは契約の目的物なきか故に賃貸借も從て終了するは當然なり

第六、二年以上借賃より少き收益を得たるとき　收益を目的とする土地の賃貸借に付き賃借人か不可抗力に因り引續き二年以上借賃より少き收益を得たるときは以て賃貸借の終了原因と爲し得へきことは已に前に述へたるを以て茲に贅せす但し宅地の賃貸借は此例外なることも前述の如し

第七、賃借物の一部滅失の場合　賃借物の一部か賃借人の過失に因らすして滅失し其殘部のみにて賃借人か賃借を爲したる目的を達することを能はさるときは賃貸借終了の原因と爲すへきこと當然のことなれは茲に説明せす

第八、當事者か債務を履行せさるとき　賃貸人か目的物の使用收益を爲さしめす又賃借人か賃金の支拂等の義務を履行せさるときは他の一方は相當の期間を定め義務の履行を催告し若し其期間内に履行せさるときは茲に契約の解除を爲し得へきなり此場合に於ては契約其ものゝ解除を直ちに爲し得るか故に彼の解約申入と異なり賃貸借は直ちに終了するなり

第九　賃貸借か抵當權者に損害を及ほすとき　已に述へたるか如く短期の賃貸借は抵當權設定の後に登記を爲したるものと雖も猶ほ抵當權者に對抗し得へきものなりと雖も若し其賃貸借にして抵當權者に損害を加ふるものなるときは抵當權者は裁判所に請求し其賃貸借の解除を爲すことを得

(參照)

第六百十七條　當事者カ賃貸借ノ期間ヲ定メサリシトキハ各當事者ハ何時ニテモ解約ノ申込ヲ爲スコトヲ得此場合ニ於テハ賃貸借ハ解約申入ノ後左ノ期間ヲ經過シタルニ由リテ終了ス

一、土地ニ付テハ一年

二、建物ニ付テハ三个月

三、貸席及ヒ動産ニ付テハ一日

收穫季節アル土地ノ賃貸借ニ付テハ其季節後次ノ耕作ニ著手スル前ニ解約ノ申入ヲ爲スコトヲ要ス

第六百十八條　當事者カ賃貸借ノ期間ヲ定メタルモ其一方又ハ各自カ其期間內ニ解約ヲ爲ス權利ヲ留保シタルトキハ前條ノ規定ヲ準用ス

第六百二十一條　賃借人カ破產ノ宣告ヲ受ケタルトキハ賃貸借ニ期間ノ定メアルトキト雖モ賃貸人又ハ破產管財人ハ第六百十七條ノ規定ニ依リテ解約ノ申入ヲ爲スコトヲ得此場合ニ於テハ各當事者ハ相手方ニ對シ解約ニ因リテ生シタル損害ノ賠償ヲ請求スルコトヲ得

第五百四十一條　當事者ノ一方カ其債務ヲ履行セサルトキハ相手方ハ相當ノ期間ヲ定メテ其履行ヲ催告シ若シ其期間內ニ履行ナキトキハ契約ノ解除ヲ爲スコトヲ得

第五百四十二條　契約ノ性質又ハ當事者ノ意思表示ニ依リ一定ノ日時又ハ一定ノ期間內ニ履行ヲ爲スニ非サレハ契約ヲ爲シタル目的ヲ達スルコト能ハサル場合ニ於テ當事者ノ一方カ履行ヲ爲サスシテ其時期ヲ經過シタルトキハ相手方ハ前條ノ催告ヲ爲サスシテ直チニ其契約ノ解除ヲ爲スコトヲ得

第二節　賃貸借終了の效果

解除原因にて賃貸借の消滅したる場合、期間の經過に因りて賃貸借か終了したるものなるときは別に問題の生することとなし何となれは其目的を達し了りたるものと見るへけれはなり而して玆には解除の原因の爲め賃貸借の消滅する場合に付き一言せんと欲するなり

賃貸借の解除は其效力を既往に遡らしめす換言すれは其效力は將來にのみ發生すと云ふに在り元來普通契約解除の效力は第三者に對しては單に將來に向てのみ其效力を生するも當事者間に於ては既往に遡りて其效力を生するを以て原則と爲す然れとも賃貸借の場合には此原則を適用せす當事者間に於ても尙ほ將來にのみ向て效果を生するものとす若し既往に遡るの效力ありとすれは賃貸人は始めより受取りたる借賃に利息を附して返還し賃借人は實際收穫したる果實其他評價したる使用の對價を支拂はさるへからさるに至る如此は計算上極めて困難なるのみならす實益もなく且不公平を來すのみなれは法律に於ては賃貸借の解除は其效力を將來にのみ生するものとせり

賃貸借解除の效力は其效力將來に對してのみ及ほすものなれは其以前既に結了せる事柄には何等の影響をも及ほさゝるなり只解除のありたるときに於て賃借人は其目的物を原狀に囘復して返還し且總ての未濟債務を支拂ひ貸主は

費用の償還を爲し以て其關係を結了するものとす

（參照）

第六百二十條　賃貸借ヲ解除シタル場合ニ於テハ其解除ハ將來ニ向テノミ其效力ヲ生ス但當事者ノ一方ニ過失アリタルトキハ之ニ對スル損害賠償ノ請求ヲ妨ケス

第四章　特別時效

賃借人か契約の本旨に反する使用又は收益を爲し之か爲めに生したる損害の賠償及ひ賃借人か賃貸人の爲めに支出したる費用の償還は賃貸人か目的物の返還を受けたる時より一个年内に之を請求することを要し若し此期間を經過するときは時效に因りて消滅するものとす

（參照）

第六百二十二條　第六百條ノ規定ハ賃貸借ニ之ヲ準用ス

第六百條　契約ノ本旨ニ反スル使用又ハ收益ニ因リテ生シタル損害ノ賠償及ヒ借主カ出タシタル費用ノ償還ハ貸主カ返還ヲ受ケタル時ヨリ一年內

ニ之ヲ請求スルコトヲ要ス

第六篇　契約書式

第一章　契約證書作成の心得

契約は當事者間に於て法律に均しき效力を有すと謂ふ程重大視せらるゝものなれはこれを表示する契約證書の作成は愼重に愼重を加へ一字一句も忽にせす後日の紛爭なきことを努めさるへからす然るに權義思想に幼稚なる我國の弊習としてこれに背馳するもの多く一句の曖昧なる爲め數年に亙る訴訟起るか如きことあるは嘆すへきの至りなり今や民法商法の大法典實施せられ之に附屬する諸法律も亦漸く備りたることなれは國民たるもの須らく此等國法の大要に通し各般の契約も亦當に之に準據して締結すべく其作成すべき證書には可成法典の用語を使用して曖昧なる語辭を避くること肝要なり以下證書作成に付て述へん

第一　借地借家の契約證は二通作成して雙方各一通を所持すへし、從來我國の慣習として借主より貸主に一通の證書を交付するに止り借主は其契約に付て見るへきものを所持せさる者多しこれ甚た迂濶を極めたるものにして危險の伴ふものなり土地の賃貸借の契約に就て例を引かんに茲に存續期間を二十个年とし借賃を當時の時價にて定め存續期間中增額を要求せさる契約を締結したり然るに此土地聲價を增し四隣の借賃頓に騰貴したる時貸主は右の契約を遺憾とし契約證を隱匿し存續期間の定めなき賃貸借なりとして借主に解約の申入を爲したる場合は借主は如何にすへきか契約證書二通を作成して己れ一通を所持するときは一も二もなく排斥し得へく又一通の證書にても公正證書にて公證役場に其原本のある場合又之を登起したる場合は之れを援用して對抗するを得へきも貸主を信用して私署證書を以て契約したるときは之を防禦するに至難なるへく若し立證方法其宜しきを得されは竟に解約せらるるの已むを得さるに到るへきなり是故に以上の危險を有する賃借人は賃貸借契約の登記を爲すか又貸主の所持する契約證(從前の借地證、地受證)の謄本を申受け之れに本證の寫に相違なき旨の承認を得て保存すること肝要なりとす

第二、當事者多數なる場合は其員數程證書を作成するか若くは證書所持人を

定めて之に保管せしむへし、これ當事者多數の場合は前段說明の危險の外權利義務均一ならさることもあるへく又當事者中權利の消滅、相續等の移動を生することもあるへく要するに各自の權利義務を明確にするは各自之を所持するに若かさるなり而して各證書に證書の員數及ひ所持人の氏名を附記することを肝要なりとす

第三、用語は法律の用語を使用して其地方に限らるゝ方言又世上一般に通用せさる熟語は之を使用すへからす、法律運用に熟せさる今日は已むを得さることなれとも其地方特殊の方言を使用し又新に熟語を製造して作成したる契約證書の法庭に現われ裁判官を苦むることあるは屢耳にするところなれは注意すへき事なり

第四、數字は壹貳參肆伍陸漆捌玖拾陌阡萬の文字を使用すへし、一二三四五六七八九十百千万の文字は變造せらるるの虞あれはなり

第五、契約事項は第一何何、第二何何と項目を分ちて個條書にすへし

第六、文體は簡單を旨とし文字は楷行の體を用ゐ無駄なる文字を避くへし

第七、甲乙何れにも解釋せらるゝ用語は使用すへからす

第八、證書は猥りに改竄すへからす若し改竄したるときは幾字削除、幾字挿入何字を何字と訂正すと欄外に記載し原字は其儘になし之れに朱點又は朱引すへし改竄したる文字を切取り又は張紙を爲し又は抹消等すへからす

第九、署名は可成本人之を爲すへし他人か代筆するときは代筆の理由及ひ代筆者の氏名を附記し捺印は必本人之れを爲すへし

第十、證書の末尾に餘白あるときは以下餘白と記すへし

第十一、貼用印紙額に注意すへし、貼用印紙の不足は後日雙方に脱税の制裁を受くるものなれは過不足なきを要す又從來外國人と契約する場合に內國人は相當の印紙を貼用し外國人は印紙貼用の義務を免れ居たり然れとも條約改正實施以來外國人も我法權の下に服從すへきものとなりたるを以て外國人亦相當印紙の貼用を爲すへきものなり

第二章　證書雛形

(一)　地上權設定證

明治何年何月何日左記地所所有者何市何區何町何番地何某及ヒ何市何區何町何番地何某間ニ地上權設定ノ契約ヲ爲スコト左ノ如シ

目的物ノ表示

何市何區何町何番地（又ハ何國何郡何村字何々何番）

一宅地（又ハ畑）何坪

結約ノ事項

一　地上權存續ノ期間ハ明治何年何月何日ヨリ明治何年何月何日マテ向フ何ケ年ノ事

二　地代ハ毎月金何圓トシ地上權者ハ毎月二十五日限リ之ヲ支拂フ事

三　天災地變ニ由リ土地ヲ充分ニ使用スルノ便ヲ缺クト雖モ地代ノ免除又ハ減額ヲ爲サヽル事

四　天災地變ニ由リ引續キ三ケ年以上全ク其土地ノ使用ヲ妨ケラレ又ハ五ケ年以上其使用ニ關シテ故障アリタルトキハ地上權者ハ其權利ヲ拋棄シ得ル事

五　契約期間中地主ハ地上權者ニ對シ地所明渡シ等請求セサル事但シ地上權者地代ヲ支拂ハサルコト引續キ二ケ年以上ニ及フトキハ地主ハ損害賠償並ニ解約ヲ請求シ得ル事

六　地上權者ノ有ニ屬スル工作物又ハ竹木ノ賣却、取毀又ハ伐採等ニ付テハ地主ニ交渉スルヲ要セザル事

七　他人ノ爲メニ土地ノ占有ヲ奪ハレタル場合ニ於テハ地上權者ニ於テ占有訴權ヲ行ヒ專ラ占有回復ノ責ニ任スル事

八　地上權ヲ讓渡シ又ハ地上權ノ上ニ質權ヲ設定シ若クハ其他ノ負擔ヲ設定スル場合ニハ別ニ地主ニ交渉スルヲ要セサレトモ設定ノ上ハ直ニ其旨ヲ地主ニ通知スベキ事

九　地租並ニ其地所ニ係ル公費ハ地上權者ノ負擔タル事（地主ノ負擔スル約束ナルトキハ本項ヲ要セズ）

十　建物ニ係ル租税並ニ公費ハ地上權者ノ負擔タル事（竹木ノ所有ヲ目的トスル場合ハ本項ヲ要セス）

十一　公用徵收ノ場合ハ契約期間內ト雖モ地上權者直ニ返地スベキ事

十二　期間滿了ノ節ハ地上權者ニ於テ土地ヲ原狀ニ復シ返地スベキ事

十三　期間滿了ニ際シ地主ニ於テ目的地上ニ存在スル工作物及竹木等ヲ時價ヲ提供シテ買取ルベキ旨ヲ通知シタルトキハ地上權者ハ正當ノ理由ナクシ

テ之ヲ拒絶セサル事
以上各項ハ双方毫モ異議ナキ所タルヲ以テ本契約書二通ヲ作成シ署名捺印ノ上各一通ヲ領チ後日ノ證ト爲スモノ也

年　月　日

何市何區何町何番地
地上權設定者　何　之　誰　㊞
何市何區何町何番地
地上權者　何　之　誰　㊞

（附言）

○工作物又ハ竹木ノ賣却取毀又ハ伐採等ニ關シ其ノ所有者ニアラズシテ單ニ其土地ノ所有者タル地主ニ交渉スベキ要ナキハ明カナルガ如シト雖モ從來家屋ノ賣却等ニ付テハ地主ノ承諾ヲ要スルモノト爲シタル慣例アリ今ヤ既ニ之ヲ改メタリト雖モ因襲ノ久シキ或ハ土地所有權ヲ濫用シテ無益ノ容喙ヲ試ミ爲メニ地上權者ノ權利行爲ヲ阻害スル者ナシトセス依テ紛爭ヲ未發ニ防カンガ爲メ第七項ヲ加フルヲ可トス

○他人ノ爲メニ土地ノ占有ヲ奪ハルヽ場合ハ實際上稀有ナルベシト雖モ亦必

スシモ之ナシトセス斯ル場合ニ占有訴權ヲ有スル者ハ土地所有者ナルヘキカ將タ地上權者ナルヘキカニ就キ多數ノ學者ハ地上權者ヲ以テ當然トセリ蓋シ地上權ハ土地ノ使用ヲ目的トスルモノニシテ而シテ土地ヲ充分ニ使用シ遺憾ナキヲ期スルニハ占有權ヲ併セ有スルニ非サレハ能ハサレハナリ右ハ學者ノ通說ナレトモ間々之ニ反對ノ說ヲ爲ス學者モアリ從ツテ之ガ爲メ紛爭ノ起ルコトアラン依テ本契約ニ於テ豫防ノ文言ヲ挿ミ置クヲ可トス是レ第八項ヲ加フル所以ナリ

○地上權ハ其成立ノ由來ヨリ見ルトキハ土地所有權ニ從タル權利ナレトモ其ノ體用ニ就テ言フトキハ此レ亦獨立セル一ノ物權タリ故ニ地上權ヲ讓渡シ又ハ地上權ヲ質入シ或ハ其他ノ負擔ヲ地上權ノ上ニ設定スル等ノ處分ニ就キテハ固ヨリ地主ノ承諾ヲ經ルノ要ナシト雖モ或ハ手數ノ種子トナルコトナシトセス又地主ノ爲メニ言フトキハ自己ノ有スル土地上ニ生存スル諸權利ノ消息ヲ審ニスルハ利益トスル所ナルノミナラズ大ニ之ヲ必要トスル場合モアルベシ依テ第九項ヲ加ヘ一方ニハ地上權者ノ權利行使ノ自由ヲ確カメ他方ニハ地主ノ利益ヲ保スルコトヽセリ

○尚地上權ノ存續期間ニ就キ一言セン新民法ハ地上權ノ存續期間ニ關シテハ別段ノ規定ヲ設ケズ即チ如何程長期ナルモ有效ノモノトナス主義ヲ採レリ故ニ二百年ト爲スモ五百年ト爲スモ可ナリ將タ又年限ヲ定メサルモ可ナリ總テ當事者ノ自由ニ任ス但シ年限ヲ定メサル場合ニ於テ其地方ニ別段ノ慣習ナキトキハ(慣習アレハ慣習ニ從フ)地上權者ハ何時ニテモ其權利ヲ拋棄スルコトヲ得尤モ地代ヲ拂フヘキトキハ一年前ニ豫告ヲ爲スカ又ハ未タ期限ノ至ラサル一年分ノ地代ヲ拂フ即チ一年分餘計ノ地代ヲ拂フコトヲ要ス(第二六八條ノ一項)若シ又地上權者カ右ノ規定ニ依リテ其權利ヲ拋棄セサルトキ地主ヨリノ請求アレハ裁判所ハ工作物又ハ竹木ノ種類及ヒ狀況其他地上權設定當時ノ事情ヲ斟酌シテ二十年以上五十年以下ノ範圍內ニテ其存續期間ヲ定ムルモノトス(仝上ノ二項)

次ニ揭クル永小作權ハ地上權ト同ク借地權ノ一種ナレトモ第一ニ土地使用ノ目的ヲ異ニシ即チ永小作權ハ耕作又ハ牧畜ヲ爲スタメニ使用シ地上權ハ工作物又ハ竹木ヲ所有スル爲メニ使用ス第二ニハ存續期間ニ關シ規定ヲ異ニセリ地上權ニ在リテハ前述ノ如ク無期限又ハ長期ナルモ可ナリトシ永小

作權ニ在リテハ之ニ限界ヲ附シ二十年以上五十年以下（存續期間ニ付別段ノ契約ナキハ三十年）ト爲セリ其他地代ニ關シ地上權ハ地代ノ有無ヲ問ハス永小作ハ必ス地代ヲ要スルコトヽ爲セリ此等ハ解説ノ部ニ詳論セリト雖モ念ノ爲メ再ヒ茲ニ之ヲ注意ス

○更ニ注意スヘキハ地代變改ノ一事ナリ地代ハ人文ノ發達、土地ノ盛衰ニ伴ヒ昂低アルヲ免レズ然ルニ之ニ關スル特約ナキカ爲メ地代騰貴ノ場合ニ地主ハ隣地ノ例ヲ引キ地代價上ケヲ請求スルノ擧ニ出テ爲ニ法廷ヲ煩ハスニ至レルコト其例多シ故ニ當事者ハ宜ク豫メ之ニ關スル協商ヲ爲シ或ハ「地代一般ニ騰貴シタル時ハ隣地ノ例ニ傚ヒ價上ケスヘシ」トカ或ハ「地代一般ニ騰貴スルモ契約期間内ハ決シテ價上ケセサル事」トノ一項ヲ明記スルヲ可トス地代一般ニ騰貴シタルトキ價上ケヲ爲スニ當リ其ノ程度ヲ定ムルニ付キ別段ノ約束ナキトキハ地主ト地上權者トノ折合ヲ得ルニ多少ノ困難アルヘシ故ニ前述ノ如ク隣地ノ例ニ傚ヒ云々ト爲スモ可ナレトモ若シ目的地ニシテ隣地ト便否其他ノ狀態ヲ異ニシ隣地ノ例ニ傚ヒ難キモノナルトキハ其地代價上ケノ程度ヲ定ムル方法ヲ豫メ講シ置カサルヘカラス記者ノ案スル所ニヲハ雙方ヨリ各ミ二三名ノ鑑定者ヲ出シ之ヲシテ定メシムルトキハ公平ヲ得ルニ庶幾カランカ然ラハ則チ前示ノ文例ヲ改メテ「地代一般ニ騰貴シタルトキハ雙方ヨリ各何名ノ鑑定人ヲ出シ其評決ニ從ヒ價上ケスベキ事」ト爲スベシ

（二）　永小作權設定證

明治何年何月何日左記地所々有者何縣何國何郡何村何番地何之誰ハ何縣何國何郡何村何番地何之誰ニ該地所ヲ永小作トシテ貸與シ次ノ事項ヲ結約セリ

目的地ノ表示

何縣何國何郡何村大字何々地內

字何々、何千何百何十番

一　畑何町何反步

結約ノ事項

一　永小作權存續ノ期間ハ明治何年何月何日ヨリ明治何年何月何日マテ向フ五十年間ノ事

二　小作料ハ毎年金何圓（又ハ米何石）トシ永小作權者ハ毎年何月何日限リ之ヲ

支拂フ事

三　天災地變ニ由リ土地ノ損害又ハ收益ノ損失ヲ生スルモ小作料ヲ減免セサル事

四　小作料ヲ納メサルコト引續キ二年ニ及フトキハ永小作權消滅スル事但此場合ニ於テ地主ヨリ別段ノ表示ヲ爲スヲ要セス耕作物ハ地主ニ於テ自由ニ處理スヘキ事(目的地カ原野ニシテ牧畜ヲ目的トセル場合ニハ相當ノ規約ヲ結ヒ之ヲ明記スヘシ)

五　天災地變ニ由リ引續キ三年以上全ク收益ヲ得ス又ハ五年以上小作料ヨリ少キ收益ヲ得タルトキハ永小作權者ハ其權利ヲ拋棄スル事ヲ得ル事此場合ニ於テハ永小作權者ハ直ニ其旨ヲ地主ニ通告スベキ事

六　永小作權者ハ自由ニ目的地ヲ使用收益シ得ルト雖モ土地ヲ原形ニ於テ保持シ且ツ土地ニ永久ノ損害ヲ加フベキ變更ヲ加フルコトヲ得サル事萬一土地ニ重大ノ變更ヲ加ヘ而カモ永小作權者ノ故意又ハ過失ニ出テタルトキハ地主ハ永小作權ノ消滅並ニ損害賠償ヲ請求シ得ル事

七　他人ノ爲メニ土地ノ占有ヲ奪ハレタルトキハ永小作權者ニ於テ占有訴權

ヲ行ヒ専ラ占有回復ノ責ニ任スヘキ事
八　永小作權者ハ地主ノ權利ヲ損害セサル範圍内ニ於テ永小作權ヲ譲渡シ若ハ之ヲ擔保ニ供シ又ハ之ヲ賃貸スルヲ得ル事（又ハ永小作權者ハ地主ノ承諾ヲ得スメ其權利ヲ譲渡シ若ハ之ヲ擔保ニ供シ又ハ之ヲ賃貸スルヲ得サル事）
九　目的地ノ公租公課ハ永小作權者ニ於テ之ヲ負擔スル事（地主ニ於テ負擔スル場合ハ本項ヲ要セス）
以上各項ハ双方毫モ異議ナキ所タルヲ以テ本契約書二通ヲ作成シ署名捺名ノ上各一通ヲ頒チ後日ノ證ト爲スモノ也

年　月　日

何縣何國何郡何村何番地
永小作權設定者　何　之　誰㊞
何縣何國何郡何村何番地
永小作權者　何　之　誰㊞

(三)　土地使用貸借證

明治何年何月何日左記地所々有者何縣何國何郡何村何番地何之誰ハ何縣何國何郡何村何番地何之誰ニ該地所ヲ無償ニテ貸與シ次ノ事項ヲ結約セリ

目的地ノ表示

何縣何國何郡何村大字何々地内字何々、何千何百何十番

一　田何反何畝歩

結約ノ事項

一　使用貸借存續期間ハ明治何年何月何日ヨリ明治何年何月何日マテ何年間ノ事

二　田地ハ稻作耕耘ノ外他ノ使用ニ供セサル事

三　借主ハ貸主ノ承諾ヲ得スシテ第三者ヲシテ使用收益セシメサル事

四　土地保存ニ必要ナル費用並ニ公租公課ハ借主ニ於テ負擔シ貸主ニ償還ノ義務ナキ事

五　期間滿了ノ節ハ借主ハ目的地ヲ借受當時ノ原狀ニテ返還スヘキ事

六　地所賣却ノ必要生シタル時ハ何時ニテモ解約スヘキ事但借主ニ於テ既ニ肥料ヲ施シタル時ハ貸主ヨリ相當ノ賠償金ヲ出シ其既ニ播種シタル時ハ貸主ヨリ相當ノ代金ヲ以ア稻草ヲ買取ルヘキ事

以上各項ハ雙方毫モ異議ナキ所タルヲ以テ本契約書二通ヲ作成シ署名捺印ノ上各一通ヲ領チ後日ノ證ト爲スモノ也

年　月　日

何縣何國何郡何村何番地
使用貸主　何　之　誰　㊞
何縣何國何郡何村何番地
使用借主　何　之　誰　㊞

（四）　建物賃貸借證

明治何年何月何日左記家屋所有者（又ハ使用借主）何市何區何町何番地何之誰ハ何原籍何縣何國何郡何村何番地何之誰ニ該家屋ヲ貸與シ次ノ事項ヲ結約セリ

目的物ノ表示

何市何區何町何番地
一　瓦葺二階建家屋　壹棟
此建坪何坪　奥行何間　間口何間
但疊建具附

結約ノ事項

一　賃貸借存續ノ期間ハ明治何年何月何日ヨリ明治何年何月何日マテ何年間ノ事
二　家賃ハ月々金何拾圓トシ借主ハ毎月三十日限リ之ヲ支拂フヘキ事
三　家賃ヲ支拂ハサルコト引續キ二ヶ月ニ及フトキハ敷金何拾圓ノ内ヨリ引去リ借主ハ一週間内ニ該敷金ノ減損額ヲ塡補スヘシ但シ此場合ニ於テ貸主ヨリ解約ノ申出アリタルトキハ借主ハ速ニ立退クヘキ事
四　止ムヲ得サル事由ノ爲メ貸主又ハ借主ニ於テ解約セントト欲スルトキハ少クモ一ヶ月前ニ於テ協議スヘキ事
五　期間滿了後引續キ貸借スヘキ契約ハ其期間滿了前三ヶ月内ニ於テスル事
六　家屋ノ修繕ハ内外大小ヲ問ハス總テ貸主ノ負擔タルヘキ事疊建具ノ修復亦同樣ノ事（又ハ借主ノ負擔タルヘキ事）
七　坐敷勝手向ノ變更ハ貸主ノ許諾ヲ經ヘキ事但立退ノ際之ヲ原狀ニ復スルハ借主ノ義務タルベキ事
八　貸主ノ負擔ニ屬スル必要費ヲ借主ニ於テ支出シタルトキハ貸主ハ借主ノ通知ヲ待チ直ニ之ヲ支辨スベキ事、借主ニ於テ改善其他ノ有益費ヲ出シタル

トキハ貸主ハ賃貸借終了ノ時ニ於テ家屋ノ增價額ヲ借主ニ支拂フヘキ事

九　官府ノ命令、布達ニ依リ若ハ所有者ノ意志ニ因リ建坪ノ減少又ハ增加ヲ為シタルトキハ雙方協議ノ上家賃ヲ變更スヘシ若シ協議整ハサルトキハ解約スルコトヲ得ヘシ

十　借主ハ貸主ノ承諾ヲ得スシテ賃借權ヲ讓渡シ又ハ家屋ヲ轉貸スヘカラサル事

十一　家屋カ修繕ヲ要スルニ至リタルトキ又ハ家屋ニ付キ權利ヲ主張スル者アルトキハ借主ハ遲滯ナク之ヲ貸主ニ通知スヘキ事

十二　公用徵收ノ場合ニ於テハ立退ノ際移轉料トシテ金何圓ヲ貸主ヨリ借主ニ交附スヘキ事

以上各項ハ雙方毫モ異議ナキ所タルヲ以テ本契約書二通ヲ作成シ署名捺印ノ上各一通ヲ領チ後日ノ證ト爲スモノ也

何市何區何町何番地

年　月　日

賃貸人　何　之　誰　㊞

何市何區何町何番地寄留

（附言）

○賃貸借ノ期間ハ通常二十年トシ處分能力ナキ者（例之使用貸借ノ借主但シ貸主ノ承諾アル場合ニ限ル）又ハ處分權限ヲ有セサル者（例之權限ノ定メナキ代理人）カ賃貸借ヲ爲ス場合ハ更ニ制限ヲ受ケ山林ハ十年、其他ノ土地ハ五年、建物ハ三年、動産ハ六ケ月ヲ超ユルコトヲ得サルコト、ナレリ（第六〇二條及六〇四條）

○本文第五項ハ處分能力ナキ者又ハ處分權限ヲ有セサル者カ賃貸借ヲ爲ス場合ノ外記入ノ要ナシ此場合ト雖亦必スシモ記入ヲ要ストニハアラス記入セサルモ可ナリ而カモ尙ホ之フ掲記スル所以ノモノハ右ノ場合ニ貸借繼續ノ約束ヲ爲スハ必スヤ期間滿了前三ケ月內ニ於テシ其ノ以前ニ於テ爲スヘカラス若シ其以前ニ於テ爲ストキハ當然無效ニ歸スヘキ（第六〇三條）カ故ニ雙方ノ注意ヲ誘ス爲メ特ニ掲記スル老婆心ニ外ナラサルナリ、尙此ノ期間ハ土地ニ付テハ一年內、動産ニ付テハ一个月內ナリ

○賃貸借ハ使用貸借ト共ニ債權ニシテ直接ニ目的物ヲ使用收益スル權利ニ非

ス單ニ貸主ニ向ツテ目的物ノ使用收益ヲ求メ得ル權利ニ過キス即チ當事者間ニ其效力ヲ有スルニ止マリ第三者ニ對抗シ得サルハ明カナリ但シ不動産ノ賃貸借ハ之ヲ登記スルトキハ其目的物ニ付キ債權(例之賃借權)ヲ取得シタル者ニ對抗シ得ルハ勿論物權(例之所有權)ヲ取得シタル者ニモ對抗シ得ルナリ是レ第三者ヲ害セサル限リハ賃借人ヲ保護シ其權利ヲ鞏固ナラシムルノ必要ヲ認メ民法第六〇五條ニ規定シタル所ナレハ不動産ノ賃借人タル者ハ宜ク登記シテ其ノ利益ニ浴スヘキナリ

第七篇　登記の手續

第一章　登記の性質

登記は自己の權利を第三者に對抗する爲め必要なるものなり登記は公示方法なり或國の法制に依れは登記は單に公示方法たるのみならす之を權利の得喪變更の條件と爲し當事者間に於ても登記なき以上は實際上權利の得喪變更あるも未た何等の效力を生せさるものとするあり然れとも我國の登記は之に反し只第三者に之を知らしむるの公示方法と爲すに過きす故に登記なしと雖も當事者に於ける效力は之か爲めに妨けらるゝことなし而して一旦登記ある以上は之を知ると知らさるとを問はす法律上何人も之に對抗せらるゝものとす要するに登記は公示方法なるか故に第三者に對して其權利を認めしめむと欲せは須く之を登記せさるへからさるなり例へは甲か乙に地上權を與へ其後一个月を經て登記を爲したりとせむに甲乙の間には契約の當時より業に已に地上權を設定したるも第三者に對しては一个月の後初めて地上權設定したるものと認めらるゝか如し

登記は不動產に關する權利の得喪變更を第三者に公示するの方法なり元來登記の目的とする所は各人間の關係を示すに非すして人と物との關係を示すに在り換言すれは物か權利上如何なる狀態を有するやを示すを以て目的とす故に原則として登記し得るの權利は不動產上の物權なりとす然れとも例外として賃借權は本來債權なるに拘はらす不動產には極めて密接の關係を有するものなるを以て尙ほ登記し得へきものとす使用貸借より生する使用權は同しく不動產に關するものありと雖も登記を許さす

登記に關する手續は不動產登記法の規定する所なり若し登記にして其規定に違反するときは其登記は無效となり從て第三者に對し對抗力を生せさるなり

以下其手續の概要を說明せむとす

（參照）

第百七十七條　不動產ニ關スル物權ノ得喪及ヒ變更ハ登記法ノ定ムル所ニ從ヒ其登記ヲ爲スニ非サレハ之ヲ以テ第三者ニ對抗スルコトヲ得ス

第六百五條　不動產ノ賃貸借ハ之ヲ登記シタルトキハ爾後其不動產ニ付キ物權ヲ取得シタル者ニ對シテモ其效力ヲ生ス

民法施行法第三十七條、　民法又ハ不動産登記法ノ規定ニ依リ登記スヘキ權利ハ從來登記ナクシテ第三者ニ對抗スルコトヲ得ヘカリシモノト雖モ民法施行ノ日ヨリ一年內ニ之ヲ登記スルニ非サレハ之ヲ以テ第三者ニ對抗スルコトヲ得ス

登記の事項　登記は如何なる事項に付て之を爲すかといふに不動産に關する權利の設定、保存、移轉、變更、處分の制限、又は消滅に付き之を爲すものとす

(一)設定とは　契約に因り權利を創設するの謂なり例へは地上權又は永小作權の設定の如し

(二)保存とは　權利に對する侵害を防止するの謂なり

(三)移轉とは　其權利を他人に移付するの謂なり

(四)變更とは　權利の客體たる物體又は權利に變更を生するの謂なり

(五)處分の制限とは　契約に依り其處分を制止するの謂なり

(六)消滅とは　權利其者の滅失するの謂なり

登記は登記し得らるへき權利に付き以上の事項を登記し得へきものとす

(參照)

登第一條　登記ハ左ニ掲ケタル不動産ニ關スル權利ノ設定、保存、移轉、變更、處分ノ制限又ハ消滅ニ付キ之ヲ爲ス

一、所有權
二、地上權
三、永小作權
四、地役權
五、先取特權
六、質權
七、抵當權
八、賃借權

第二章　假登記

假登記とは本登記を爲し能はさる場合に於て其權利を保存せしむるため爲すものにして之を爲し得へき場合左の如し

一、登記の申請に必要なる手續上の條件を具備せさるとき　例へは登記原因を證する書面、登記義務者の權利に關する登記濟證、登記原因に付第三者の許可、

同意又は承諾を要する場合に之を證する書面、代理に因り登記を申請するとき其權限を證する書面、其他法律の命する書類の具備せさる場合の如し

二、權利の設定、移轉、變更、又は消滅の請求權を保全せんとするとき　茲に所謂請求權とは設定移轉變更又は消滅を相手方に對し請求し得る所の債權を云ふ凡そ本登記は其目的たる權利の完結したるものに非されは爲すこと能はす彼の豫約の如く後日契約の完結に因り設定移轉を來すへきものは未た其設定移轉の完結せりと云ふを得さるものなれは本登記を爲すこと能はす只假登記を爲すを得へきのみ

而して右請求權か始期附なるとき又は停止條件附なるとき其他將來に於て確定し得へきものなるときも假登記を爲し得へきものとす

「請求權か始期附なるとき」とは法律行爲に始期を附したる場合にして其履行を求むる權利は期限の到來するに至りて始めて請求權を生し期間の到來するまては其請求權を行ふことを得さるものとす例へは或建物を賃貸したるも其履行は來年一月一日と定めたる場合の如し「請求權か停止條件付なるとき」とは停止條件付物權を契約したる場合にして例へは甲あり乙に對し我れ

若し外國に渡航するならは我の屋敷を月何十圓にて賃貸すへしと約束したる場合の如し

「請求權か將來に於て確定すへきとき」とは彼の撰擇義務の如く將來に於て確定することあるへき請求權を云ふなり

假登記の效力　素と法律か假登記の制を設けたるは未來に於ける不動產上の權利を保全せんと欲するも登記に必要なる條件を缺くとき又は不動產上の物權及ひ賃借權の設定變更又は消滅の請求權を有する者に假りに登記を爲さしめ以て優先權の順位を得せしめんとするにあり假登記は實に不動產上の權利を有すへき人の利益の爲めに設けられたる制度にして苟も之を爲すときは其順位は他人の爲めに決して侵害せらるゝことなきなり而して其優先權の順位を得る所以は他日其權利確定したるとき本登記を爲せは假登記の日に本登記を爲したるものと法律上看做され其本登記は假登記の順位に於て效力を有するものなり而して假登記を爲すと雖も本登記を爲さゝれは假登記の效力を消滅するものとす

地上權永小作權に付き假登記を爲したるときは他人は勿論地主と雖も此權利

に付き其占有を他人に許し又同一土地上に物權を設定するも其登記者の權利を害することを得す登記者にして後日訴其他の方法に依り地上權又は永小作權の確認を得本登記を爲すときは其假登記の日より本登記を爲したるものと同一效力あるなり賃貸借に於ても又同樣にして假登記を爲せは第三者に對抗することを得後日第三者か賃借權の設定を主張するも自己の權利を害せらるゝことなし而して是等借地權は同一の土地に二箇併存することを許さゝるが故に早く假登記を爲せは其者は他人を排して其登記せる權利を確實に行使することを得るものなり

（參照）

登第二條　假登記ハ左ノ場合ニ於テ之ヲ爲ス

一　登記ノ申請ニ必要ナル手續上ノ條件カ具備セサルトキ

二　前條ニ揭ケタル權利ノ設定移轉變更又ハ消滅ノ請求權ヲ保全セントスルトキ

右ノ請求權カ始期附又ハ停止條件附ナルトキ其他將來ニ於テ確定スヘキモノナルトキ亦同シ

第三章　登記の管轄

登記の管轄即ち登記を申請すへき場所は登記せんとする權利の目的たる不動産の所在地を管轄する區裁判所又は其出張所なりとす

不動産所在の區裁判所及ひ出張所を以て登記を爲すへき場所と規定するも若し一個の不動産か數個の登記所の管轄に跨るときは其各登記所を併せて管轄する直近上級の裁判所に管轄登記所指定の申請を爲し以て裁判所の指定せる登記所に於て登記を受くへきものとす

（參照）

登第八條　登記スヘキ權利ノ目的タル不動産ノ所在地ヲ管轄スル區裁判所又ハ其出張所ヲ以テ管轄登記所トス

不動産カ數個ノ登記所ノ管轄地ニ跨ルトキハ其各登記所ヲ併セテ管轄スル直近上級ノ裁判所ニ於テ申請ニ因リ管轄登記所ヲ指定ス

登第九條　町村其他登記簿ヲ分設シタル區畫カ甲登記所ノ管轄ヨリ乙登記所ノ管轄ニ轉屬シタルトキハ甲登記所ハ其區畫ニ關スル登記簿及ヒ其附屬

書類ヲ乙登記所ニ移送スルコトヲ要ス

一個又ハ數個ノ不動産ノ所在地カ甲登記所ノ管轄ヨリ乙登記所ノ管轄ニ轉屬シタルトキハ甲登記所ハ其不動産ニ關スル登記簿ノ謄本及ヒ附屬書類又ハ其謄本ヲ乙登記所ニ移送スルコトヲ要ス但登記簿ノ謄本ニハ抹消ニ係ラサル登記ノミヲ謄寫シ其不動産ノ登記用紙ヲ閉鎖スルコトヲ要ス

同第十條　登記所ニ於テ其事務ヲ停止セサルコトヲ得サル事故ノ生シタルトキハ司法大臣ハ期間ヲ定メテ其停止ヲ命スルコトヲ得

同第十一條　登記所ハ土地ニ付キ所有權ノ移轉又ハ質權ノ設定、移轉若クハ消滅ノ登記ヲ爲シタルトキハ遲滯ナク其旨ヲ土地臺帳所管廳ニ通知スルコトヲ要ス未登記ノ土地ニ付キ所有權ノ登記ヲ爲シタルトキ亦同シ

土地臺帳所管廳ハ土地ノ分合滅失、段別若クハ坪數ノ增減又ハ地目、字、番號ノ變更アリタルトキハ遲滯ナク其旨ヲ登記所ニ通知スルコトヲ要ス

同第十二條　登記官吏ハ自己、其妻又ハ四親等內ノ親族カ申請人ナルトキハ其登記所ニ於テ登記ヲ受ケタル成年者ニシテ且登記官吏ノ妻又ハ四親等內ノ親族ニ非サル者二人以上ノ立會アルニ非サレハ登記ヲ爲スコトヲ得ス但

親族ニ付テハ親族關係カ止ミタル後亦同シ

前項ノ場合ニ於テハ登記官吏ハ調書ヲ作リ立會人ト共ニ之ニ署名捺印スルコトヲ要ス

同第十三條　登記官吏カ其職務ノ執行ニ付キ申請人其他ノ者ニ損害ヲ加ヘタルトキハ其損害カ登記官吏ノ故意又ハ重大ナル過失ニ因リテ生シタル場合ニ限リ之ヲ賠償スル責ニ任ス

第三章　登記書類

(一)、登記簿謄本及び抄本の交附　登記簿の謄本とは登記簿の全部を謄寫せしものを云ふ抄本とは登記簿の一部を抜書したるものを云ふ此等謄本及び抄本は何人と雖も之が交附を申請することを得

(二)、登記簿謄本及び抄本の送附　何人と雖も郵便料を納付するときは郵便を以て其送付方を登記所に申請することを得

(三)、登記簿又は其附屬書類の閲覽　登記簿及び書類の閲覽は何人と雖も爲し得べきものに非ず只其登記事件に付き利害の關係ある者に限り閲覽を請求することを得るなり

(參照)

登第二十一條　何人ト雖モ手數料ヲ納付シテ登記簿ノ謄本又ハ抄本ノ交付ヲ請求シ又利害ノ關係アル部分ニ限リ登記簿又ハ其附屬書類ノ閲覽ヲ請求スルコトヲ得手數料ノ外郵送料ヲ納付シテ登記簿ノ謄本又ハ抄本ノ送付ヲ請求スルコトヲ得

第四章　登記申請の手續

(一)登記申請者の出頭

登記は登記權利者及び登記義務者又は其代理人に於て登記所に出頭して之を申請すへきものとす登記權利者とは登記を爲さしむる權利を有するものにして例へば地上權に付て云へは地上權者は地主をして登記を爲さしむる權利を有するが故に登記權利者なり

登記義務者とは前例に於ける地主は地上權者に對し登記を爲すべき義務を負ふ者なるが故に登記義務者なり登記は登記義務者及び登記權利者の双方出頭して爲すべきを原則とすと雖も尙ほ一人にて爲し得べき場合あり則ち登記名義人の表示變更の登記之なり登記名義人とは登記に因り其權利を保護せられ

居る者を云ふ例へば地上權には地上權者永小作には永小作權者の如き是なり其他判決又は相續に因る登記は登記權利者一人にて申請することを得るなり

（參照）

登第二十五條　登記ハ法律ニ別段ノ定メアル場合ヲ除ク外當事者ノ申請又ハ官廳若クハ公署ノ囑託アルニ非サレハ之ヲ爲スコトヲ得ス

囑託ニ因ル登記ノ手續ニ付テハ法令ニ別段ノ定メアル場合ヲ除クノ外申請ニ因ル登記ニ關スル規定ヲ準用ス

同第二十六條　登記ハ登記權利者及ヒ登記義務者又ハ其代理人登記所ニ出頭シテ之ヲ申請スルコトヲ要ス

同第二十七條　判決又ハ相續ニ因ル登記ハ登記權利者ノミニテ之ヲ申請スルコトヲ得

同第二十八條　登記名義人ノ表示ノ變更ノ登記ハ登記名義人ノミニテ之ヲ申請スルコトヲ得

(二)、假登記申請の手續

假登記の申請に二種あり一は不動産の所在地を管轄する區裁判所より假處分

命令の正本を添付して囑托すへきものにして此囑托は區裁判所も假登記權利者の申請に因り假處分命令を發したるとき職權を以て爲すべきものとす所謂假處分命令とは記假登原因を疏明して假登記權利者より區裁判所に請求したるとき區裁判所より之を發すべきものとす若し其區裁判所か右處分命令の申請を受理せす却下したるときは其決定に對し申請人より即時抗告を爲すことを得るものとす

又假登記は抗告裁判所か抗告を理由ありとするときは決定を以て登記官吏に相當の處分を命することあり

假登記申請の第二の場合は假登記權利者より直ちに裁判所に申請を爲し得る場合なり假登記を爲すことを相手方に於て承認したるときは別段に假處分命令を申請するの必要なく假登記申請書に相手方の承認書を添附し假登記權利者のみにて申請することを得るものなり蓋し不利益を受る登記義務者に於て其登記に承認を與ふる以上は別段に判決若くは決定を待つの必要なければなり

（參照）

登第三十二條　假登記ハ次條ノ場合ヲ除ク外假登記權利者ノ申請ニ因リ其

目的タル不動産ノ所在地ヲ管轄スル區裁判所ヨリ遲滯ナク囑託書ニ假處分命令ノ正本ヲ添附シテ之ヲ登記所ニ囑託スルコトヲ要ス
前項ノ假處分命令ハ假登記權利者カ假登記原因ヲ疏明シタルトキハ區裁判所之ヲ發スルコトヲ要ス
申請ヲ却下シタル決定ニ對シテハ即時抗告ヲ爲スコトヲ得
前項ノ即時抗告ニ附テハ非訟事件手續法ノ規定ヲ準用ス

同第三十三條　假登記ハ假登記義務者ノ承諾アルトキハ申請書ニ其承諾書ヲ添附シテ假登記權利者ヨリ之ヲ登記所ニ申請スルコトヲ得

非訟事件手續法第二十條　裁判ニ因リテ權利ヲ害セラレタリトスル者ハ其裁判ニ對シテ抗告ヲ爲スコトヲ得申立ニ因リテノミ裁判ヲ爲スヘキ場合ニ於テ申立ヲ却下シタル裁判ニ對シテハ申立人ニ限リ抗告ヲ爲スコトヲ得

同第二十一條　抗告ハ特ニ定メタル場合ヲ除ク外執行停止ノ效力ヲ有セス

同第二十二條　即時抗告ノ期間ハ裁判ノ告知ノ日ヨリ之ヲ起算ス

(三)、申請に要する書面

第一、申請書　申請書は登記請求の要旨を明かにする書面にして一々此書面に依て登記簿に記載せらるゝものなるか故に登記の確實なることを證するも亦此書面なり

第二、登記原因を證する書面　此書面は登記を爲すに付ての原因を證明するものにして例へは永小作權設定の登記に於ける小作證文の如し

第三、登記義務者の權利に關する登記濟證　登記濟證とは曩きに登記を受けたる登記所より送付せられたる所謂登記濟證なるものなり之を提出せしむる所以は登記義務者として登記を申請するものか眞に其權利を有するものなるや否やを確むる必要あれはなり又登記濟證に代ゆるに執行力ある書面を提出するときは强ちに登記濟證を差出すを要せす所謂執行力ある書面とは執行文を附したる判決、決定、命令及ひ公正證書之なり

第四、登記原因に付き第三者の許可同意又は承諾を要するときは之を證する書面　賃貸人か其權利を讓渡し又は第三者の許可、同意、承諾を要すへき場合は多くあるへし例へは民法中法律行爲を爲すに付き未成年者は法定代理人の同意を要し、準禁治產者は保佐人の同意を要し、妻は夫の許可を要し、賃借人か

其権利を譲渡し又は之を轉貸するには賃貸人の承諾を要する場合等の如し

（參照）

民第四條　未成年者か法律行爲ヲ爲スニハ其法定代理人ノ同意ヲ得ルコトヲ要ス但單ニ權利ヲ得又ハ義務ヲ免ルヘキ行爲ハ此限ニ在ラス

前項ノ規定ニ反スル行爲ハ之ヲ取消スコトヲ得

同第十二條　準禁治産者カ左ニ掲ケタル行爲ヲ爲スニハ其保佐人ノ同意ヲ得ルコトヲ要ス

一、元本ヲ領收シ又ハ之ヲ利用スルコト

二、借財又ハ保證ヲ爲スコト

三、不動産又ハ重要ナル動産ニ關スル權利ノ得喪ヲ目的トスル行爲ヲ爲スコト

四、訴訟行爲ヲ爲スコト

五、贈與、和解又ハ仲裁契約ヲ爲スコト

六、相續ヲ承認シ又ハ之ヲ拋棄スルコト

七、贈與若ハ遺贈ヲ拒絕シ又ハ負擔附ノ贈與若ハ遺贈ヲ受諾スルコト

八、新築、改築、增築又ハ大修繕ヲ爲スコト
九、第六百二條ニ定メタル期間ヲ超ユル賃貸借ヲ爲スコト
裁判所ハ場合ニ依リ準禁治產者カ前項ニ揭ケサル行爲ヲ爲スニモ亦其保佐人ノ同意アルコトヲ要スル旨ヲ宣告スルコトヲ得
前二項ノ規定ニ反スル行爲ハ之ヲ取消スコトヲ得
第十四條　妻カ左ニ揭ケタル行爲ヲ爲スニハ夫ノ許可ヲ受クルヿヲ要ス
一、第十二條第一項第一號乃至第六號ニ揭ケタル行爲ヲ爲スコト
二、贈與若クハ遺贈ヲ受諾シ又ハ之ヲ拒絕スルコト
三、身體ニ羈絆ヲ受クヘキ契約ヲ爲スコト
前項ノ規定ニ反スル行爲ハ之ヲ取消スコトヲ得
第五、代理人に依りて登記を申請するときは其權限を證する書面　代理人に因りて登記を申請するときは其代理權限を證する書面を添附せさるへからす代理には委任に因るものと法律の規定に因るものとあり其委任に因るときは委任狀、法律の規定に因るときは後見登記簿、會社登記簿、戶籍簿の謄本若くは抄本を差出すものとす

法定代理人と稱するものは左の如し

（甲）未成年者の場合

（イ）親權を行ふ父

（ロ）親權を行ふ母

（ハ）後見人

（乙）禁治產者に對する後見人

（丙）未成年者、禁治產者以外の法定代理人

（イ）不在者か定め置きたる財產管理人

（ロ）居所を去りたるものか財產の管理人を置かさりしとき利害關係人又は檢事の請求に因り裁判所か命する管理人

（ハ）法人の理事又は淸算人

（ニ）株式會社の取締役其他會社の代表者又は淸算人

（ホ）相續財產の管理人

（ヘ）相續人曠缺の場合に於ける相續財產の管理人

（ト）推定家督相續人の廢除又は其取消の請求ありたる後其裁判確定前に相

續か開始したるときは裁判所か指定したる管理人

（チ）相續財產分離の請求ありたるとき裁判所の選任したる管理人

（參照）

登第三十五條　登記ヲ申請スルニハ左ノ書面ヲ提出スルコトヲ要ス

一、申請書

二、登記原因ヲ證スル書面

三、登記義務者ノ權利ニ關スル登記濟證

四、登記原因ニ付キ第三者ノ認可、同意又ハ承諾ヲ要スルトキハ之ヲ證スル書面

五、代理人ニ依リテ登記ヲ申請スルトキハ其權限ヲ證スル書面

登記原因ヲ證スル書面カ執行力アル判決ナルトキハ前項第三號及ヒ第四號ニ揭ケタル書面ヲ提出スルコトヲ要セス

（四）、一般申請書に記載すへき要件

申請書には左の事項を記載し申請人之に署名捺印することを要す

一、不動產所在の郡、市、區、町、村、大字及ひ土地の番號

二、地目及ひ段別又は坪數　地目段別又は坪數は每に登記の目的たる不動產

の表示に缺くへからさるものなるか故に申請書には必す之を明記せさるへからす地目とは土地の標目にて例へは宅地、畑、田、原野、池沼と云ふか如し段別又は坪數とは土地の面積にて例へは何段何畝何歩又は何百何十何坪と云ふか如し

三、申請人の氏名住所若し申請人か法人なるときは其名稱及ひ事務所

四、代理人に依りて登記を爲すときは其氏名住所

五、登記原因及ひ其日附　例へは何年何月何日地上權設定を爲すと云ふか如し

六、登記の目的　登記の目的とは登記權利者か登記に因りて獲んとする利益にして即ち地上權の設定なるときは地上權其者を云ふなり

七、登記所の表示

八、年月日

登記原因を證する書面あるときは之を附すへきは固よりなりと雖も之なき場合には如何すへき乎此場合には申請書の副本を提出して之に代ふるものとす

（參照）

登第三十六條　申請書ニハ左ノ事項ヲ記載シ申請人之ニ署名捺印スルコトヲ要ス

一、不動產所在ノ郡、市、區、町、村、字及ヒ土地ノ番號
二、地目及ヒ段別又ハ坪數
三、申請人ノ氏名住所若シ申請人カ法人ナルトキハ其名稱及ヒ事務所
四、代理人ニ依リテ登記ヲ申請スルトキハ其氏名、住所
五、登記原因及ヒ其日附
六、登記ノ目的
七、登記所ノ表示
八、年月日

同第四十條　登記原因ヲ證スル書面カ初ヨリ存在セス又ハ之ヲ提出スルコト能ハサルトキハ申請書ノ副本ヲ提出スルコトヲ要ス

(五)、建物登記に關する申請書記載要件

登記すへき權利の目的か建物なるときは一般の例に準したるの外申請書に其建物の種類例へは其本家、庭、湯殿、物置、倉庫、納屋と云ふか如き記載を爲さゝるへ

がらす構造即ち煉瓦造、石造、土藏、木造、瓦葺、板葺、二階造又は平家造なる旨及ひ其建坪何坪及二階坪何坪と記載せさるへからす又建物に番號あるときは何番若し同一宅地內に數棟ある場合には何番の（イ、ロ、ハ）等の番號を記載せさる可らす又附屬建物ある時は其建物の種類構造及ひ坪數等明細に記載せさるへからす

（參照）

登第三十七條　登記スヘキ權利ノ目的カ建物ナル場合ニ於テハ申請書ニ其種類、構造及ヒ建坪ヲ記載シ若シ建物ノ番號アルトキハ其番號ヲ記載シ附屬建物アルトキハ其種類、構造及ヒ建坪ヲ記載スルコトヲ要ス

（六）、登記原因か相續なるときの登記申請

相續は被相續人の權利義務の一切を相續人に承繼せしむるものなれは之か登記を申請するは財產の移轉等を證する書面の如きは敢て必要とせさるも相續を爲したる事由は最も必要なるを以て申請書に之を證する戶籍吏の書面又は之を證するに足るへき他の書面を添附せさるへからす相續を證するに足るへき他の書面とは例へは遺言書、公正證書等の如く相續ありと信ずるに足るへきものを云ふなり

（參照）
登第四十一條　登記原因カ相續ナルトキハ申請書ニ相續ヲ證スル戶籍吏ノ書面又ハ之ヲ證スルニ足ルヘキ書面ヲ添附スルコトヲ要ス
同第四十二條　申請人カ登記權利者又ハ登記義務者ノ相續人ナルトキハ申請書ニ其身分ヲ證スル戶籍吏ノ書面又ハ之ヲ證スルニ足ルヘキ書面ヲ添附スルコトヲ要ス

（七）登記名義人の表示變更の場合に申請書に添附すべき書面
登記簿の上に權利として表示せられたる所の登記名義人か其氏名住所を變更したるに因りて其變更の登記を申請するの場合に於ては其變更を證する書面例へは改氏名を證する身分登記簿の謄本轉籍を證する原籍簿の抄本を添附して申請すへきものとす

（參照）
登第四十三條　登記名義人ノ表示ノ變更ノ登記ヲ申請スル場合ニ於テハ申請書ニ其表示ノ變更ヲ證スル戶籍吏ノ書面又ハ之ヲ證スルニ足ルヘキ書面ヲ添附スルコトヲ要ス

（八、）登記義務者の登記濟證の滅失したる場合に付ての申請
此場合に於ては其登記所に於て已に登記を受けたる滿二十年以上の者二人以上か登記義務者の人違なきことを保證したる書面二通を申請書に添附することを要す而して登記所は其一通を保存し他の一通には登記濟の旨を記載し之を登記義務者に還附するなり
此保證書には登記を受くへき不動產の表示、目的、登記義務者の人違なきことと保證人が其登記所に於て登記を受けたる不動產の表示、年月日、保證人の住所、年齡、年月日、氏名を記載し保證人之に捺印すべきものとす

（參照）
登第四十四條　登記義務者ノ權利ニ關スル登記濟證カ滅失シタルトキハ申請書ニ其登記所ニ於テ登記ヲ受ケタル成年者二人以上カ登記義務者ノ人違ナキコトヲ保證シタル書面二通ヲ添附スルコトヲ要ス

（九、）地上權登記申請書に揭くへき特別の要件
地上權の設定又は移轉の申請書には曾て述へたるか如く一般の要件を揭くるの外左の諸件を記載すへきものとす

一、地上權設定の目的及ひ範圍　地上權設定の目的とは工作物又は竹木を他人の土地上に所有せんとすること是なり地上權設定の範圍とは地上權の目的を達する爲め土地の使用の程度を云ふ例へは百坪の內五十坪と云ふか如し
二、登記原因の存續期間地代、又は其支拂時期の定めあるときは其事項　存續期間とは例へば何年何月より何年何月までの何年間と云ふか如し

（參照）

登第百十一條　地上權ノ設定又ハ移轉ノ登記ヲ申請スル場合ニ於テハ申請書ニ地上權設定ノ目的及ヒ範圍ヲ記載シ若シ登記原因ニ存續期間地代又ハ其支拂時期ノ定アルトキハ之ヲ記載スルコトヲ要ス

㈩、永小作權の設定又は移轉の登記に關する特別要件

永小作權の設定又は移轉の登記を申請する場合に於ては一般の手續に從ふの外尙ほ其申請書に左の事項を揭くへし

一、小作料
二、存續期間及ひ小作料の支拂時期の定あるときは其事項　永小作權の存續期間は二十年以上五十年以下なるか故に若し二十年以下の期間を定め登記を

申請したるときは其事項は不適法なるものなるか故に登記官吏は其申請を却下するものとす若し又期間を五十年以上に定めたるときは法律上當然五十年に短縮せらるるを以て登記を完了することを得

三、登記原因に永小作人の權利義務に關する特約あるときは其事項

四、登記原因に永小作權の讓渡又は賃貸を禁する特約あるときは其事項　永小作權者は其權利を他人に讓渡又は其權利の存續期間に於て耕作若くは牧畜の爲め土地を賃貸するを得るを以て原則と爲す故に若し設定行爲に之を禁するの特約するときは之を第三者に對抗せしむる爲め申請書の記載要件と爲したるなり

（參照）

登第百十二條　永小作權ノ設定又ハ移轉ノ登記ヲ申請スル場合ニ於テハ申請書ニ小作料ヲ記載シ若シ登記原因ニ存續期間、小作料ノ支拂時期其他永小作人ノ權利若クハ義務ニ關スル特約又ハ民法第二百七十二條但書ノ定メアルトキハ之ヲ記載スルコトヲ要ス

（十一）賃借權に關する特別規定

賃借權の設定又は賃借物の轉貸の登記を申請する場合に於ては一般の原則に從ふの外尙ほ其申請書に左の要件を記載すへきものとす

一、借賃
二、登記原因に賃借權の存續期間を定めたるときは其期間
三、登記原因に借賃の支拂時期を定めたるときは其時期
四、登記原因に賃借權の移轉又は賃借物の轉貸を許したるときは其事項
五、賃貸借を爲す者か處分の能力若くは其權限を有せさる者なるときは其事項

（參照）

登第百二十七條　賃借權ノ設定又ハ賃借物ノ轉貸ノ登記ヲ申請スル場合ニ於テハ申請書ニ借賃ヲ記載シ若シ登記原因ニ存續期間若クハ借賃ノ支拂時期ノ定アルトキ又ハ賃借權ノ移轉若クハ賃借物ノ轉貸ヲ許シタルトキハ之ヲ記載シ賃貸借ヲ爲ス者カ處分ノ能力若クハ權限ヲ有セサルモノナルトキハ其旨ヲ記載スルコトヲ要ス

賃借權ノ移轉又ハ賃借物ノ轉貸ヲ許シタル旨ノ登記アラサル場合ニ於テ賃借權ノ移轉又ハ賃借物ノ轉貸ノ登記ヲ申請スル場合ニ於テハ申請書ニ

賃貸人ノ承諾書ヲ添附スルコトヲ要ス

(十二)、未登記不動産に關する登記手續

所有權以外の登記即ち地上權、永小作權、賃借權等の登記は其不動産にして未登記なるときは其權利の登記を命する裁判に依りて自己の登記し得へき權利を證明する者より申請して爲すことを得

元來所有權以外の權利の登記は一應所有權の登記を申請したる後に非されは之を許さゝるを原則とす本場合は此例外なり則ち此場合には其裁判所に依り權利者一人にて登記を申請することを得るなりされは登記官吏は所有權登記の申請を俟たす其所有權の登記は職權を以て爲し而して後申請に因る所有權以外の權利の登記を爲すへきなり

(參照)

登第百二十八條　未登記ノ不動産ノ所有權以外ノ權利ニ關スル登記ハ之ヲ命スル裁判ニ依リテ自己ノ權利ヲ證スル者ヨリ之ヲ申請スルコトヲ得

同第百二十九條　前條ノ申請アリタル場合ニ於テ登記ヲ爲ストキハ登記用紙中登記番號欄ニ番號ヲ記載シ表示欄ニ不動産ノ表示ヲ爲シ且甲區事項

欄ニ所有者ノ氏名住所及ヒ何權利ノ登記ヲ命スル裁判ニ因リテ所有權ノ登記ヲ爲ス旨ヲ記載スルコトヲ要ス

同第百三十條　未登記ノ不動產ノ所有權以外ノ權利ヲ目的トスル權利ニ關スル登記ハ之ヲ命スル裁判ニ依リテ自己ノ權利ヲ證スル者ヨリ之ヲ申請スルコトヲ得

同第百三十一條　前條ノ申請アリタル場合ニ於テ登記ヲ爲ストキハ登記用紙中登記番號欄ニ番號ヲ記載シ表示欄ニ不動產ノ表示ヲ爲シ甲區事項欄ニ何權利ヲ目的トスル何權利ノ登記ヲ命スル權利ニ因リテ所有權ノ登記ヲ爲ス旨ヲ記載シ且所有權以外ノ權利ヲ登記スヘキ相當區事項欄ニ權利者ノ氏名住所及ヒ何權利ノ登記ヲ命スル裁判ニ因リテ何權利ノ登記ヲ爲ス旨ヲ記載スルコトヲ要ス

(十三)既登記の不動產に付き未登記の所有權以外の權利を目的とする登記

此場合は不動產の所有權に付ては既に登記したるも目的とする所有權以外の權利か未た登記なき場合にして假令は甲者の所有として登記したる土地を乙

者の爲に地上權を設定し未た其登記を爲さゝるに先ち丙者に抵當に入れたるも之か登記を爲さゝるに因り丙者は乙者を相手として抵當權設定登記の履行を裁判所に訴求し抵當權を登記すへき旨の判決を受たるときの如し此場合は其裁判に依り自己の權利を證する權利者一人にて登記を申請し得るものとす

(參照)

登第百三十二條　既登記ノ不動產ニ付キ未登記ノ所有權以外ノ權利ヲ目的トスル權利ニ關スル登記ハ之ヲ命スル裁判ニ依リテ自己ノ權利ヲ證スル者ヨリ之ヲ申請スルコトヲ得

同第百三十三條　前條ノ申請アリタル場合ニ於テ登記ヲ爲ストキハ登記用紙中所有權以外ノ權利ヲ登記スヘキ相當區事項欄ニ權利者ノ氏名住所及ヒ何權利ノ登記ヲ命スル裁判ニ因リテ何權利ノ登記ヲ爲ス旨ヲ記載スルコトヲ要ス

(十四)、登記の抹消申請

抹消とは既に爲したる登記の效力を消滅せしむるを云ふ抹消登記を爲し得へき場合は實に枚擧に遑あらす曾て論したるか如く地上權、永小作權、賃借權等存

續期間の滿了、解除、拋棄其他苟も其權利の終了原因を爲すへきものは皆抹消登記の原因を爲すものなり

(イ)登記したる權利か或人の死亡に因りて消滅する場合　地上權、永小作權か地上權者、永小作權者の生存年間を限る設定行爲に基くときは此等の權利者の死亡したる場合の如きを云ふ元來登記の申請は登記權利者及ひ登記義務者の雙方登記所に出頭して之を爲すへきものなれは抹消登記に於ても當事者雙方出頭して之を申請すへきや勿論なり然れとも一方か既に死亡したるときの如きは何とも致方なきか故に此場合に於ては登記權利者一人にて登記を申請し得へきものとす尤も此申請書には其死亡を證する戶籍吏の書面其他の公正證書を添附すへきものとす

茲に登記權利者とは其抹消登記を爲すに因り利益を受くるものを云ふ即ち抹消せんとする登記に關しては登記義務者たりしものの是なり

(參照)

登第百四十一條　登記シタル權利カ或人ノ死亡ニ由リテ消滅シタル場合ニ於テ申請書ニ其死亡ヲ證スル戶籍吏ノ書面其他ノ公正證書ヲ添附スルト

キハ登記權利者ノミニテ登記ノ抹消ヲ申請スルコトヲ得

同第百四十二條　登記權利者ハ登記義務者ノ行方ノ知レサルニ因リ之ト共ニ登記ノ抹消ヲ申請スルコト能ハサルトキハ民事訴訟法ノ規定ニ從ヒテ公示催告ノ申立ヲ爲スコトヲ得

前項ノ場合ニ於テ除權判決アリタルトキハ申請書ニ其謄本ヲ添附シ登記權利者ノミニテ登記ノ抹消ヲ申請スルコトヲ得

第一項ノ場合ニ於テ申請書ニ債權證書及債權竝ニ最後ノ二年分ノ定期金ノ受取證書ヲ添附シタルトキハ登記權利者ノミニテ先取特權、債權又ハ抵當權ニ關スル登記ノ抹消ヲ申請スルコトヲ得

(十五)假登記の抹消

假登記の抹消は假登記者一人にて之を申請することを得是蓋し假登記は請求權の登記にして之を拋棄することと自由なれはなり

又假登記は利害關係人に於て假登記者の承諾書を添附し抹消を申請したるときは其にて可なり又假登記人に對抗し得へき裁判の謄本を申請書に添附する場合は勿論假登記人の承諾を要せす又之と共に申請するの要なし利害關係人

より請求し得るものとす

（參照）

登第百四十四條　假登記ノ抹消ハ假登記名義人ヨリ之ヲ申請スルコトヲ得
申請書ニ假登記名義人ノ承諾書又ハ之ニ對抗スルコトヲ得ヘキ裁判ノ謄本ヲ添附シタルトキハ登記上ノ利害關係人ヨリ假登記ノ抹消ヲ申請スルコトヲ得

同第百四十六條　登記ノ抹消ヲ申請スル場合ニ於テ其抹消ニ付キ登記上利害ノ關係ヲ有スル第三者アルトキハ申請書ニ其承諾書又ハ之ニ對抗スルコトヲ得ヘキ裁判ノ謄本ヲ添附スルコトヲ要ス

（十六）不動産登記法施行前に殖林の爲めに設定したる地上權の登記

不動産登記法は明治三十二年に施行せられたるなり而して法律第七十九號は明治三十三年三月に頒布せられ其頒布日より二十日を經過するときは施行力を生するものなり此不動産登記法の施行以前に設定したる殖林の爲めの地上權は法律第七十九號施行の日より一ヶ年内に限り地上權者一人のみにて申請することを得るものとす而して此の登記申請には其權利を有することを證す

るに足るへき書面を添附することを要す

(參照)

法律第七十九號

不動產登記法施行前ニ殖林ノ爲設定シタル地上權ノ登記ハ本法施行ノ日ヨリ一ケ年內ニ限リ地上權者ノミニテ之ヲ申請スルコトヲ得

前項ノ申請ヲ爲スニハ其權利ヲ有スルコトヲ證スルニ足ルヘキ書面ヲ添附スルコトヲ要ス

第六章 抗告

抗告とは登記官吏の決定又は處分を不當とする者に於て不服を申立つる手續なり今參考の爲めに重要なる條文をのみ摘示す

(參照)

登第百五十條 登記官吏ノ決定又ハ處分ヲ不當トスル者ハ管轄裁判所ニ抗告ヲ爲スコトヲ得

同第百五十一條 抗告ハ登記所ニ抗告狀ヲ差出シテ之ヲ爲ス

同第百五十二條 抗告ハ新タナル事實及ヒ證據方法ヲ以テ其憑據ト爲スコ

トヲ得ス

同第百五十三條　登記官吏カ抗告ヲ理由ナシトスルトキハ三日内ニ意見ヲ附シテ事件ヲ抗告裁判所ニ送附スルコトヲ要ス

登記官吏カ抗告ヲ理由アリトスルトキハ相當ノ處分ヲ爲スコトヲ要ス若シ登記完了ノ後ナルトキハ其登記ニ付キ異議アル旨ノ附記ヲ爲シ之ヲ登記上ノ利害關係人ニ通知シ且前項ノ手續ヲ爲スコトヲ要ス

同第百五十四條　抗告ハ執行ヲ停止スル效力ヲ有セス

抗告裁判所ハ抗告ニ付キ決定ヲ爲ス前登記官吏ニ假登記ヲ命スルコトヲ得

同第百五十五條　抗告裁判所カ抗告ヲ理由アリトスルトキハ決定ヲ以テ登記官吏ニ相當ノ處分ヲ命スルコトヲ要ス

抗告裁判所ハ登記上ノ利害關係人ニ決定ノ謄本ヲ送達スルコトヲ要ス

同第百五十六條　抗告裁判所ノ決定ニハ理由ヲ附スルコトヲ要ス

同第百五十七條　登記官吏カ抗告裁判所ノ命令ニ依リテ登記ヲ爲ストキハ命令ヲ爲シタル裁判所、命令ノ年月日、命令ニ依リテ登記ヲ爲ス旨及ヒ登記

ノ年月日ヲ記載シ登記官吏捺印スルコトヲ要ス

同第百五十八條　抗告裁判所ノ決定ニ對シテハ法律ニ違背シタル決定ナルコトヲ理由トスルトキニ限リ抗告ヲ爲スコトヲ得

第七章　登記申請書式

○地上權設定に付き登記申請

何郡何村何番地

一宅地何坪

一登記原因及ひ其日附　明治何年何月何日附地上權設定證書

一登記の目的　地上權設定の登記

一地上權設定の目的　建物の所有

一地上權の範圍　宅地の全部

一存續期間　明治何年何月何日より何十年

一地代の支拂時期　每月末日

一土地の價格　金何百圓

一登錄稅　金何圓

右登記相成度別紙地上權設定證書及ひ何某の權利に關する登記濟證相添此段
申請候也
明治何年何月何日
何郡何村何番地
土地所有者　何　之　誰㊞
何郡何村何番地
地上權者　何　之　誰㊞
何區裁判所出張所
御中

○永小作權設定に付登記申請

何郡何村何番地
一田何段何畝何歩
一登記原因及ひ其日附　明治何年何月何日附永小作權設定證書
一登記の目的　永小作權設定の登記
一存續期間　明治何年何月何日より何十何年間
一小作料　壹ヶ年金何圓

一小作料支拂の時期　毎年拾貳月參拾壹日
一土地の價格　金何百圓
一登錄稅　金何圓
右登記相成度別紙永小作權設定證書及ひ何某の權利に關する登記濟證相添此段申請候也
明治何年何月何日

何郡何村何番地
地主　何　之　誰㊞
何郡何村何番地
永小作人　何　之　誰㊞

何區裁判所出張所
御　中

○賃借權設定に付登記申請

何郡何村何番地
一宅地何坪

一登記原因及ひ其日附　明治何年何月何日附賃貸借證書
一登記の目的　賃借權設定の登記
一存續期間　明治何年何月何日より拾ヶ年
一借賃　壹ヶ月何圓
一借賃の支拂時期　毎月末日
一土地の價格　金何千圓
一登記稅金何圓
右登記相成度別紙賃貸借證書及ひ何某の權利に關する登記濟證相添此段申請候也

明治何年何月何日

何郡何村何番地
賃貸人　何　之　誰㊞
何郡何村何番地
賃借人　何　之　誰㊞

何區裁判所何出張所
御中

○登記名義人の表示變更に付登記申請

何郡何村何番地
　一宅地何段何畝何歩
一登記原因及ひ其日附　明治何年何月何日轉籍
一登記の目的　明治何年何月何日申請登記第何號所有權の登記中所有者何某の住所を何村何番地と變更する事
一登錄稅　金何拾錢
右登記相成度別紙戶籍の抄本相添此段申請候也
明治何年何月何日
何郡何村何番地
何　之　誰㊞
何區裁判所何出張所
御中

○地上權の變更に付登記變更

何郡何村何番地

一宅地何坪
一登記原因及ひ其日附　明治何年何月何日附契約證書
一登記の目的　明治何年何月何日申請登記第何號地上權設定存續期間參拾年を貳拾年と短縮すること
一登錄稅　金何拾錢
右登記相成度別紙何某の承諾書及ひ何某の權利に關する登記濟證相添此段申請候也

明治何年何月何日

何郡何村何番地
地上權設定者　何　之　誰㊞
何郡何村何番地
地上權者　何　之　誰㊞

某區裁判所何出張所
御中

○地上權を目的とする抵當權設定に付登記申請

一抵當權の目的たる權利
　何郡何村何番地宅地何坪の上に設定したる順位第何番の地上權
一登記原因及ひ其日附　明治何年何月何日付金圓借用證書
一登記の目的　抵當權設定の登記
一債權額　金何圓
一辨濟期　明治何年何月何日
一利息　年壹割貳分
一利息の支拂時期　毎年十二月三十一日
一登錄稅　金何圓
右登記相成度別紙金圓借用證書及ひ何之誰の權利に關する登記濟證相添此段申請候也
　明治何年何月何日
　　　　何郡何村何番地
　　　抵當權設定者　何　之　誰㊞
　　　　何郡何村何番地

抵當權者　何　之　誰㊞

何裁判所何出張所
御中

○申請書不備に因る假登記申請

一土地の表示
何郡何村何番地
一宅地何坪

一登記の原因及其日附　明治何年何月何日付地上權設定證書に因る
一登記の目的　申請書不備に因り地上權設定の假登記
一欠缺事項　土地の坪數登記簿と符合せす
一登錄稅　金何拾錢
右假登記相成度別紙地上權設定證書及ひ登記義務者の承諾書相添此段申請候也

明治何年何月何日

何郡何村何番地

地上權者　何　之　誰㊞

何區裁判所何出張所
御中

○地上權賣買に付登記申請

一移轉の目的たる權利の表示
何郡何村何番地
一宅地何坪
右の土地の上に設定したる順位第一番の地上權
一登記原因及ひ其日附　明治何年何月何日付地上權賣買證書に因る
一登記の目的　地上權の移轉の登記
一地上權設定の目的　建物所有
一地上權の範圍　土地の全部
一存續期間　明治何年何月何日より何年何月何日まで何ヶ年間
一地代　壹ヶ年何圓
一支拂時期　毎年拾貳月末日

一土地の價格　金何圓
一登錄稅　金何圓
右登記相成度別紙地上權賣買證書幷何某の權利に關する登記濟證相添此段申請候也
明治何年何月何日
何郡何村何番地
地上權賣主　何之誰㊞
何郡何村何番地
地上權買主　何之誰㊞
何區裁判所何出張所
御中

〇地上權一部賣買に付登記申請

一一部移轉の目的たる權利の表示
何郡何村何番地
一宅地何坪

右の土地の上に設定したる地上權
一登記の原因及ひ其日附　明治何年何月何日付地上權一部の賣渡證書に因る
一登記の目的　賣買に因る地上權一部移轉の登記
一移轉すへき部分　五分一
一移轉部分の價格　金何拾圓
一登錄稅　金何圓也
右登記相成度別紙地上權賣渡證書及ひ何某の權利に關する登記濟證相添此段申請候也

明治何年何月何日

何郡何町何番地
賣主　何　之　誰㊞
何郡何町何番地
買主　何　之　誰㊞

○地上權設定登記の抹消申請

一土地の表示

何郡何村何番地
一宅地何坪
一登記の原因及ひ其日付　明治何年何月何日付地上權抹消の契約書に依る
一登記の目的　地上權消滅により抹消の登記
一抹消すへき事項　明治何年何月何日申請受付第何號順位第一番地上權設定登記を抹消す
一登錄稅　金拾錢
右抹消の登記相成度別紙地上權抹消の契約書及ひ某の權利に關する登記濟證相添此段申請候也
明治何年何月何日

何郡何村何番地
地上權設定者　何　之　誰㊞
何郡何村何番地
地上權者　何　之　誰㊞

實用 土地建物の法律詳説

附 契約書式 登記手續

終

横濱火災運送保險株式會社

資本金 五百万圓

火災保險

動産不動産ニ對シ火災ヨリ生スル損害ヲ保險ス

運送保險

貨物ノ陸上運送中ニ生スル一切ノ損害ヲ保險ス

専務取締役社長	冨田鐵之助
専務取締役副社長	土子金四郎
取締役	小野光景
取締役	若尾幾造
取締役	茂木保平
取締役	澁澤作太郎
取締役	原富太郎
監査役	安田徳兵衛
監査役	金子政吉
監査役	書上順四郎

本社	横濱市太田町三丁目五十番地（電話五八九番長距離加入）
東京支店	京橋區中橋廣小路六番地（電話本局一三四〇）
神戸支店	榮町二丁目十番邸（電話四一〇）
大阪支店	東區高麗橋通四丁目（電話一三七三）
京都支店	三條通柳馬場桝屋町（電話一一一一）
名古屋支店	傳馬町通七間町角（電話七三）
代理店	全國樞要ノ地ニ在リ
規則書	申越次第送呈ス

明治三十三年十二月十九日印刷
明治三十三年十二月廿二日發行
明治三十四年三月廿二日再版印刷發行
明治三十四年九月一日三版印刷發行

定價金六拾五錢

編輯兼發行者　東京市神田區西小川町二丁目九番地　飯島廣三郎

印刷者　東京市日本橋區藥研堀町三十三番地　仁科衞

印刷所　同所　厚信舍

發行所　東京市神田區西小川町二丁目九番地　兩文館

實用土地建物の法律詳說　附 契約書式 登記手續

日本立法資料全集　別巻 1160

平成29年 7 月20日　　復刻版第 1 刷発行

編纂者　大日本新法典講習會

発行者　今　井　　貴
　　　　渡　辺　左　近

発行所　信　山　社　出　版

〒113-0033　東京都文京区本郷 6 - 2 - 9 -102
モンテベルデ第 2 東大正門前
電　話　03（3818）1019
F A X　03（3818）0344
郵便振替　00140-2-367777（信山社販売）

Printed in Japan.

制作／(株)信山社，印刷・製本／松澤印刷・日進堂

ISBN 978-4-7972-7271-0 C3332

別巻　巻数順一覧【950～981巻】

巻数	書名	編・著者	ISBN	本体価格
950	実地応用町村制質疑録	野田藤吉郎、國吉拓郎	ISBN978-4-7972-6656-6	22,000円
951	市町村議員必携	川瀬周次、田中迪三	ISBN978-4-7972-6657-3	40,000円
952	増補 町村制執務備考 全	増澤鐵、飯島篤雄	ISBN978-4-7972-6658-0	46,000円
953	郡区町村編制法 府県会規則 地方税規則 三法綱論	小笠原美治	ISBN978-4-7972-6659-7	28,000円
954	郡区町村編制 府県会規則 地方税規則 新法例纂 追加地方諸要則	柳澤武運三	ISBN978-4-7972-6660-3	21,000円
955	地方革新講話	西内天行	ISBN978-4-7972-6921-5	40,000円
956	市町村名辞典	杉野耕三郎	ISBN978-4-7972-6922-2	38,000円
957	市町村吏員提要〔第三版〕	田邊好一	ISBN978-4-7972-6923-9	60,000円
958	帝国市町村便覧	大西林五郎	ISBN978-4-7972-6924-6	57,000円
959	最近検定 市町村名鑑 附 官国幣社 及 諸学校所在地一覧	藤澤衛彦、伊東順彦、増田穆、関惣右衛門	ISBN978-4-7972-6925-3	64,000円
960	鼇頭対照 市町村制解釈 附 理由書 及 参考諸布達	伊藤寿	ISBN978-4-7972-6926-0	40,000円
961	市町村制釈義 完　附 市町村制理由	水越成章	ISBN978-4-7972-6927-7	36,000円
962	府県郡市町村 模範治績　附 耕地整理法 産業組合法 附属法令	荻野千之助	ISBN978-4-7972-6928-4	74,000円
963	市町村大字読方名彙〔大正十四年度版〕	小川琢治	ISBN978-4-7972-6929-1	60,000円
964	町村会議員選挙要覧	津田東璋	ISBN978-4-7972-6930-7	34,000円
965	市制町村制 及 府県制　附 普通選挙法	法律研究会	ISBN978-4-7972-6931-4	30,000円
966	市制町村制註釈 完　附 市制町村制理由〔明治21年初版〕	角田真平、山田正賢	ISBN978-4-7972-6932-1	46,000円
967	市町村制詳解 全　附 市町村制理由	元田肇、加藤政之助、日鼻豊作	ISBN978-4-7972-6933-8	47,000円
968	区町村会議要覧 全	阪田辨之助	ISBN978-4-7972-6934-5	28,000円
969	実用 町村制市制事務提要	河邨貞山、島村文耕	ISBN978-4-7972-6935-2	46,000円
970	新旧対照 市制町村制正文〔第三版〕	自治館編輯局	ISBN978-4-7972-6936-9	28,000円
971	細密調査 市町村便覧(三府 四十三県 北海道 樺太 台湾 朝鮮 関東州)　附 分類官公衙公私学校銀行所在地一覧表	白山榮一郎、森田公美	ISBN978-4-7972-6937-6	88,000円
972	正文 市制町村制 並 附属法規	法曹閣	ISBN978-4-7972-6938-3	21,000円
973	台湾朝鮮関東州 全国市町村便覧 各学校所在地〔第一分冊〕	長谷川好太郎	ISBN978-4-7972-6939-0	58,000円
974	台湾朝鮮関東州 全国市町村便覧 各学校所在地〔第二分冊〕	長谷川好太郎	ISBN978-4-7972-6940-6	58,000円
975	合巻 佛蘭西邑法・和蘭邑法・皇国郡区町村編成法	箕作麟祥、大井憲太郎、神田孝平	ISBN978-4-7972-6941-3	28,000円
976	自治之模範	江木翼	ISBN978-4-7972-6942-0	60,000円
977	地方制度実例総覧〔明治36年初版〕	金田謙	ISBN978-4-7972-6943-7	48,000円
978	市町村民 自治読本	武藤榮治郎	ISBN978-4-7972-6944-4	22,000円
979	町村制詳解　附 市制及町村制理由	相澤富蔵	ISBN978-4-7972-6945-1	28,000円
980	改正 市町村制 並 附属法規	楠綾雄	ISBN978-4-7972-6946-8	28,000円
981	改正 市制 及 町村制〔訂正10版〕	山野金蔵	ISBN978-4-7972-6947-5	28,000円

巻数	書　名	編・著者	ISBN	本体価格
915	改正 新旧対照市町村一覧	鍾美堂	ISBN978-4-7972-6621-4	78,000円
916	東京市会先例彙輯	後藤新平、桐島像一、八田五三	ISBN978-4-7972-6622-1	65,000円
917	改正 地方制度解説〔第六版〕	狭間茂	ISBN978-4-7972-6623-8	67,000円
918	改正 地方制度通義	荒川五郎	ISBN978-4-7972-6624-5	75,000円
919	町村制市制全書 完	中嶋廣蔵	ISBN978-4-7972-6625-2	80,000円
920	自治新制 市町村会法要談 全	田中重策	ISBN978-4-7972-6626-9	22,000円
921	郡市町村吏員 収税実務要書	荻野千之助	ISBN978-4-7972-6627-6	21,000円
922	町村至宝	桂虎次郎	ISBN978-4-7972-6628-3	36,000円
923	地方制度通 全	上山満之進	ISBN978-4-7972-6629-0	60,000円
924	帝国議会府県会郡会市町村会議員必携 附関係法規 第1分冊	太田峯三郎、林田亀太郎、小原新三	ISBN978-4-7972-6630-6	46,000円
925	帝国議会府県会郡会市町村会議員必携 附関係法規 第2分冊	太田峯三郎、林田亀太郎、小原新三	ISBN978-4-7972-6631-3	62,000円
926	市町村是	野田千太郎	ISBN978-4-7972-6632-0	21,000円
927	市町村執務要覧 全 第1分冊	大成館編輯局	ISBN978-4-7972-6633-7	60,000円
928	市町村執務要覧 全 第2分冊	大成館編輯局	ISBN978-4-7972-6634-4	58,000円
929	府県会規則大全　附 裁定録	朝倉達三、若林友之	ISBN978-4-7972-6635-1	28,000円
930	地方自治の手引	前田宇治郎	ISBN978-4-7972-6636-8	28,000円
931	改正 市制町村制と衆議院議員選挙法	服部喜太郎	ISBN978-4-7972-6637-5	28,000円
932	市町村国税事務取扱手続	広島財務研究会	ISBN978-4-7972-6638-2	34,000円
933	地方自治制要義 全	末松偕一郎	ISBN978-4-7972-6639-9	57,000円
934	市町村特別税之栞	三邊長治、水谷平吉	ISBN978-4-7972-6640-5	24,000円
935	英国地方制度 及 税法	良保両氏、水野遵	ISBN978-4-7972-6641-2	34,000円
936	英国地方制度 及 税法	髙橋達	ISBN978-4-7972-6642-9	20,000円
937	日本法典全書 第一編 府県制郡制註釈	上條慎蔵、坪谷善四郎	ISBN978-4-7972-6643-6	58,000円
938	判例挿入 自治法規全集 全	池田繁太郎	ISBN978-4-7972-6644-3	82,000円
939	比較研究 自治之精髄	水野錬太郎	ISBN978-4-7972-6645-0	22,000円
940	傍訓註釈 市制町村制 並ニ 理由書〔第三版〕	筒井時治	ISBN978-4-7972-6646-7	46,000円
941	以呂波引町村便覧	田山宗堯	ISBN978-4-7972-6647-4	37,000円
942	町村制執務要録 全	鷹巣清二郎	ISBN978-4-7972-6648-1	46,000円
943	地方自治 及 振興策	床次竹二郎	ISBN978-4-7972-6649-8	30,000円
944	地方自治講話	田中四郎左衛門	ISBN978-4-7972-6650-4	36,000円
945	地方施設改良 訓諭演説集〔第六版〕	鹽川玉江	ISBN978-4-7972-6651-1	40,000円
946	帝国地方自治団体発達史〔第三版〕	佐藤亀齢	ISBN978-4-7972-6652-8	48,000円
947	農村自治	小橋一太	ISBN978-4-7972-6653-5	34,000円
948	国税 地方税 市町村税 滞納処分法問答	竹尾高堅	ISBN978-4-7972-6654-2	28,000円
949	市町村役場実用 完	福井淳	ISBN978-4-7972-6655-9	40,000円

別巻　巻数順一覧【878～914巻】

巻数	書　名	編・著者	ISBN	本体価格
878	明治史第六編 政黨史	博文館編輯局	ISBN978-4-7972-7180-5	42,000円
879	日本政黨發達史 全〔第一分冊〕	上野熊藏	ISBN978-4-7972-7181-2	50,000円
880	日本政黨發達史 全〔第二分冊〕	上野熊藏	ISBN978-4-7972-7182-9	50,000円
881	政党論	梶原保人	ISBN978-4-7972-7184-3	30,000円
882	獨逸新民法商法正文	古川五郎、山口弘一	ISBN978-4-7972-7185-0	90,000円
883	日本民法鼇頭對比獨逸民法	荒波正隆	ISBN978-4-7972-7186-7	40,000円
884	泰西立憲國政治攬要	荒井泰治	ISBN978-4-7972-7187-4	30,000円
885	改正衆議院議員選擧法釋義 全	福岡伯、横田左仲	ISBN978-4-7972-7188-1	42,000円
886	改正衆議院議員選擧法釋義 附 改正貴族院令,治安維持法	犀川長作、犀川久平	ISBN978-4-7972-7189-8	33,000円
887	公民必携 選擧法規ト判決例	大浦兼武、平沼騏一郎、木下友三郎、清水澄、三浦數平	ISBN978-4-7972-7190-4	96,000円
888	衆議院議員選擧法輯覽	司法省刑事局	ISBN978-4-7972-7191-1	53,000円
889	行政司法選擧判例總覽―行政救濟と其手續―	澤田竹治郎・川崎秀男	ISBN978-4-7972-7192-8	72,000円
890	日本親族相續法義解 全	髙橋捨六・堀田馬三	ISBN978-4-7972-7193-5	45,000円
891	普通選擧文書集成	山中秀男・岩本溫良	ISBN978-4-7972-7194-2	85,000円
892	普選の勝者 代議士月旦	大石末吉	ISBN978-4-7972-7195-9	60,000円
893	刑法註釋 卷一～卷四(上卷)	村田保	ISBN978-4-7972-7196-6	58,000円
894	刑法註釋 卷五～卷八(下卷)	村田保	ISBN978-4-7972-7197-3	50,000円
895	治罪法註釋 卷一～卷四(上卷)	村田保	ISBN978-4-7972-7198-0	50,000円
896	治罪法註釋 卷五～卷八(下卷)	村田保	ISBN978-4-7972-7198-0	50,000円
897	議會選擧法	カール・ブラウニアス、國政研究科會	ISBN978-4-7972-7201-7	42,000円
901	鼇頭註釈 町村制　附 理由 全	八乙女盛次、片野続	ISBN978-4-7972-6607-8	28,000円
902	改正 市制町村制　附 改正要義	田山宗堯	ISBN978-4-7972-6608-5	28,000円
903	増補訂正 町村制詳解〔第十五版〕	長峰安三郎、三浦通太、野田千太郎	ISBN978-4-7972-6609-2	52,000円
904	市制町村制 並 理由書　附 直接間接税類別及実施手続	高崎修助	ISBN978-4-7972-6610-8	20,000円
905	町村制要義	河野正義	ISBN978-4-7972-6611-5	28,000円
906	改正 市制町村制義解〔帝國地方行政学会〕	川村芳次	ISBN978-4-7972-6612-2	60,000円
907	市制町村制 及 関係法令〔第三版〕	野田千太郎	ISBN978-4-7972-6613-9	35,000円
908	市町村新旧対照一覧	中村芳松	ISBN978-4-7972-6614-6	38,000円
909	改正 府県郡制問答講義	木内英雄	ISBN978-4-7972-6615-3	28,000円
910	地方自治提要 全　附 諸届願書式 日用規則抄録	木村時義、吉武則久	ISBN978-4-7972-6616-0	56,000円
911	訂正増補 市町村制問答詳解　附 理由及追輯	福井淳	ISBN978-4-7972-6617-7	70,000円
912	改正 府県制郡制註釈〔第三版〕	福井淳	ISBN978-4-7972-6618-4	34,000円
913	地方制度実例総覧〔第七版〕	自治館編輯局	ISBN978-4-7972-6619-1	78,000円
914	英国地方政治論	ジョージ・チャールズ・ブロドリック、久米金彌	ISBN978-4-7972-6620-7	30,000円

別巻　巻数順一覧【843 ～ 877 巻】

巻数	書　名	編・著者	ISBN	本体価格
843	法律汎論	熊谷直太	ISBN978-4-7972-7141-6	40,000 円
844	英國國會選擧訴願判決例 全	オマリー、ハードカッスル、サンタース	ISBN978-4-7972-7142-3	80,000 円
845	衆議院議員選擧法改正理由書 完	内務省	ISBN978-4-7972-7143-0	40,000 円
846	戇齋法律論文集	森作太郎	ISBN978-4-7972-7144-7	45,000 円
847	雨山遺稟	渡邉輝之助	ISBN978-4-7972-7145-4	70,000 円
848	法曹紙屑籠	鷺城逸史	ISBN978-4-7972-7146-1	54,000 円
849	法例彙纂 民法之部 第一篇	史官	ISBN978-4-7972-7147-8	66,000 円
850	法例彙纂 民法之部 第二篇〔第一分冊〕	史官	ISBN978-4-7972-7148-5	55,000 円
851	法例彙纂 民法之部 第二篇〔第二分冊〕	史官	ISBN978-4-7972-7149-2	75,000 円
852	法例彙纂 商法之部〔第一分冊〕	史官	ISBN978-4-7972-7150-8	70,000 円
853	法例彙纂 商法之部〔第二分冊〕	史官	ISBN978-4-7972-7151-5	75,000 円
854	法例彙纂 訴訟法之部〔第一分冊〕	史官	ISBN978-4-7972-7152-2	60,000 円
855	法例彙纂 訴訟法之部〔第二分冊〕	史官	ISBN978-4-7972-7153-9	48,000 円
856	法例彙纂 懲罰則之部	史官	ISBN978-4-7972-7154-6	58,000 円
857	法例彙纂 第二版 民法之部〔第一分冊〕	史官	ISBN978-4-7972-7155-3	70,000 円
858	法例彙纂 第二版 民法之部〔第二分冊〕	史官	ISBN978-4-7972-7156-0	70,000 円
859	法例彙纂 第二版 商法之部・訴訟法之部〔第一分冊〕	太政官記録掛	ISBN978-4-7972-7157-7	72,000 円
860	法例彙纂 第二版 商法之部・訴訟法之部〔第二分冊〕	太政官記録掛	ISBN978-4-7972-7158-4	40,000 円
861	法令彙纂 第三版 民法之部〔第一分冊〕	太政官記録掛	ISBN978-4-7972-7159-1	54,000 円
862	法令彙纂 第三版 民法之部〔第二分冊〕	太政官記録掛	ISBN978-4-7972-7160-7	54,000 円
863	現行法律規則全書（上）	小笠原美治、井田鐘次郎	ISBN978-4-7972-7162-1	50,000 円
864	現行法律規則全書（下）	小笠原美治、井田鐘次郎	ISBN978-4-7972-7163-8	53,000 円
865	國民法制通論 上巻・下巻	仁保龜松	ISBN978-4-7972-7165-2	56,000 円
866	刑法註釋	磯部四郎、小笠原美治	ISBN978-4-7972-7166-9	85,000 円
867	治罪法註釋	磯部四郎、小笠原美治	ISBN978-4-7972-7167-6	70,000 円
868	政法哲學 前編	ハーバート・スペンサー、濱野定四郎、渡邊治	ISBN978-4-7972-7168-3	45,000 円
869	政法哲學 後編	ハーバート・スペンサー、濱野定四郎、渡邊治	ISBN978-4-7972-7169-0	45,000 円
870	佛國商法復説 第壹篇自第壹巻至第七巻	リウヒエール、商法編纂局	ISBN978-4-7972-7171-3	75,000 円
871	佛國商法復説 第壹篇第八巻	リウヒエール、商法編纂局	ISBN978-4-7972-7172-0	45,000 円
872	佛國商法復説 自第二篇至第四篇	リウヒエール、商法編纂局	ISBN978-4-7972-7173-7	70,000 円
873	佛國商法復説 書式之部	リウヒエール、商法編纂局	ISBN978-4-7972-7174-4	40,000 円
874	代言試験問題擬判録 全 附録明治法律學校民刑問題及答案	熊野敏三、宮城浩蔵 河野和三郎、岡義男	ISBN978-4-7972-7176-8	35,000 円
875	各國官吏試験法類集 上・下	内閣	ISBN978-4-7972-7177-5	54,000 円
876	商業規篇	矢野亨	ISBN978-4-7972-7178-2	53,000 円
877	民法実用法典 全	福田一覺	ISBN978-4-7972-7179-9	45,000 円

別巻　巻数順一覧【810～842巻】

巻数	書名	編・著者	ISBN	本体価格
810	訓點法國律例 民律 上卷	鄭永寧	ISBN978-4-7972-7105-8	50,000円
811	訓點法國律例 民律 中卷	鄭永寧	ISBN978-4-7972-7106-5	50,000円
812	訓點法國律例 民律 下卷	鄭永寧	ISBN978-4-7972-7107-2	60,000円
813	訓點法國律例 民律指掌	鄭永寧	ISBN978-4-7972-7108-9	58,000円
814	訓點法國律例 貿易定律・園林則律	鄭永寧	ISBN978-4-7972-7109-6	60,000円
815	民事訴訟法 完	本多康直	ISBN978-4-7972-7111-9	65,000円
816	物権法(第一部)完	西川一男	ISBN978-4-7972-7112-6	45,000円
817	物権法(第二部)完	馬場愿治	ISBN978-4-7972-7113-3	35,000円
818	商法五十課 全	アーサー・B・クラーク、本多孫四郎	ISBN978-4-7972-7115-7	38,000円
819	英米商法律原論 契約之部及流通券之部	岡山兼吉、淺井勝	ISBN978-4-7972-7116-4	38,000円
820	英國組合法 完	サー・フレデリック・ポロック、榊原幾久若	ISBN978-4-7972-7117-1	30,000円
821	自治論 一名人民ノ自由 卷之上・卷之下	リーバー、林董	ISBN978-4-7972-7118-8	55,000円
822	自治論纂 全一册	獨逸學協會	ISBN978-4-7972-7119-5	50,000円
823	憲法彙纂	古屋宗作、鹿島秀麿	ISBN978-4-7972-7120-1	35,000円
824	國會汎論	ブルンチュリー、石津可輔、讃井逸三	ISBN978-4-7972-7121-8	30,000円
825	威氏法學通論	エスクバック、渡邊輝之助、神山亨太郎	ISBN978-4-7972-7122-5	35,000円
826	萬國憲法 全	高田早苗、坪谷善四郎	ISBN978-4-7972-7123-2	50,000円
827	綱目代議政體	J・S・ミル、上田充	ISBN978-4-7972-7124-9	40,000円
828	法學通論	山田喜之助	ISBN978-4-7972-7125-6	30,000円
829	法學通論 完	島田俊雄、溝上與三郎	ISBN978-4-7972-7126-3	35,000円
830	自由之權利 一名自由之理 全	J・S・ミル、高橋正次郎	ISBN978-4-7972-7127-0	38,000円
831	歐洲代議政體起原史 第一册・第二冊／代議政體原論 完	ギゾー、漆間眞學、藤田四郎、アンドリー、山口松五郎	ISBN978-4-7972-7128-7	100,000円
832	代議政體 全	J・S・ミル、前橋孝義	ISBN978-4-7972-7129-4	55,000円
833	民約論	J・J・ルソー、田中弘義、服部德	ISBN978-4-7972-7130-0	40,000円
834	歐米政黨沿革史總論	藤田四郎	ISBN978-4-7972-7131-7	30,000円
835	内外政黨事情・日本政黨事情 完	中村義三、大久保常吉	ISBN978-4-7972-7132-4	35,000円
836	議會及政黨論	菊池學而	ISBN978-4-7972-7133-1	35,000円
837	各國之政黨 全〔第1分冊〕	外務省政務局	ISBN978-4-7972-7134-8	70,000円
838	各國之政黨 全〔第2分冊〕	外務省政務局	ISBN978-4-7972-7135-5	60,000円
839	大日本政黨史 全	若林清、尾崎行雄、箕浦勝人、加藤恒忠	ISBN978-4-7972-7137-9	63,000円
840	民約論	ルソー、藤田浪人	ISBN978-4-7972-7138-6	30,000円
841	人權宣告辯妄・政治眞論一名主權辯妄	ベンサム、草野宣隆、藤田四郎	ISBN978-4-7972-7139-3	40,000円
842	法制講義 全	赤司鷹一郎	ISBN978-4-7972-7140-9	30,000円